Pour bien rédiger en français
—— Niveau intermédiaire ——

コミュニケーションの仏作文
——中級編——

市川慎一著

par Ichikawa Shin-ichi

東京 **大学書林** 発行

まえがき

　本書は一昨年に刊行した『コミュニケーションの仏作文―基礎編―』（大学書林、1999年刊）の姉妹編である。

　『基礎編』と同じく、たとえ独習というかたちでも、「フランス語の書く力」をさらに伸ばしたいという方々の要望にいささかでも応えようとして、本書を編んでみた。

　大学や語学学校等でのフランス語の授業というと、おびただしい数の訳読や会話クラスが設けられているのにたいして、作文のクラスの設置については真に寥々たるものとなっている、というのが現状であろう。この状態が続くかぎり、「フランス語で文章を綴りたい」という社会人や学生諸君の要望に十分に応えられているとは言い難い。

　そこで、なるべく覚えやすい文型をベースにして、読者にこれだけは間違いなく書けるという自信をつけてもらうため、日常生活で用いる頻度の高い表現を文型で整理してみた。

　母語である日本語の場合でも、文才に恵まれた作家でもないかぎり、だれでも思うことを自由に綴れるわけではない。ましてや外国語でなにかを言おうとすれば思うようにうまく言えないし、書けないのはごくごくあたりまえのことなのだから。

　次に、以下に本書の特長を若干挙げておこう。

1）全体の構成を二部にわけ、第一部では単文を中心に、第二部では複文を使った練習問題を配列した。
2）すべての文型を一応、フランス語の文法用語で配列してみたが、本書の目的はいわゆる文法事項をくまなく網羅するというのではなく、あくまでもコミュニケーションに必要な文型の活用にあることをここで強調しておく。

たとえば、「最上級」(Leçon 19) では表現上で利用できそうな文型を重視した。関係代名詞 (Leçon 29/Leçon 30) についても同様である。

3) 第一部では、各課の文末に「**Vocabulaire** チェック」コラムを設け、読者諸氏の語彙のごく簡単な点検を試みた。

4) 第二部では同じく各課の余白に「コーヒー・ブレイク **Pause-café**」コーナーを設け、コミュニケーションのフランス語に役にたちそうな表現に焦点をあて、それら実際上の運用を考察した。

　なお、仏文の解答例については、姉妹編『基礎編』と同じく、長年フランス語についてご示教を賜っている Mme Colette Renard から助言をえた。同夫人の労にたいしてここに謝意を述べる次第である。

　最後に、本書がわが国におけるフランス語教育の伸張にすこしでも役立つならば望外の幸せである。

2001 年早春　北品川にて　　　市川慎一

目　　次

第一部　単文編

Leçon　1.　命令 (Impératif) ……………………………………　2

Leçon　2.　受動態 (Passif) ………………………………………　5

Leçon　3.　文型 (assez...pour + 不定詞) ………………………　8

Leçon　4.　文型 (trop...pour + 不定詞) ………………………　11

Leçon　5.　文型 (après avoir[être] + 過去分詞) ………………　14

Leçon　6.　文型 (avant de + 不定詞) …………………………　17

Leçon　7.　現在分詞 (Participe présent) と
　　　　　　過去分詞 (Participe passé) …………………………　20

Leçon　8.　ジェロンディフ (Gérondif) ………………………　23

Leçon　9.　文型 (Il est le dernier à + 不定詞) ………………　26

Leçon 10.　文型 (Il n'est pas homme à + 不定詞) ……………　29

Leçon 11.　文型 (Je la sais sympathique) ………………………　32

Leçon 12.　文型 (Elle trouve utile de + 不定詞) ………………　35

Leçon 13.　非人称構文 (1) 文型 (Il y a ...) ……………………　38

Leçon 14.　非人称構文 (2) 文型 (Il est facile de + 不定詞) …　41

Leçon 15.　非人称構文 (3) 文型 (Il court un bruit sur...) ……　44

第二部　複文編

Leçon 16. 文型［比較（1）］
　　　　　（plus/aussi/moins ＋ 形/副 que...） ·················· 48
Leçon 17. 文型［比較（2）］（plus de / moins de ＋ 名詞） ······ 51
Leçon 18. 文型（autant de/tant de ＋ 名詞 que...） ············· 54
Leçon 19. 文型［最上級］（Rien n'est plus beau que...） ········ 57
Leçon 20. 文型［比例/反比例］（plus..., plus...） ················ 60
Leçon 21. 文型（assez/trop ＋ 形/副 pour que ＋ 接続法） ····· 63
Leçon 22. 文型（assez de ＋ 名詞 pour que ＋ 接続法） ·········· 66
Leçon 23. 文型［仮主語］（Il est vrai que...） ·················· 69
Leçon 24. 文型（si/tellement ＋ 形/副 que...） ··················· 72
Leçon 25. 文型（d'autant plus ＋ 形/副 que...） ················· 75
Leçon 26. 文型（pour que/afin que ＋ 接続法） ················· 78
Leçon 27. 文型（sans que ＋ 接続法） ··························· 81
Leçon 28. 文型［譲歩］（quel [le] que ce soit） ················· 84
Leçon 29. 文型（A est à B ce que C est à D） ················· 87
Leçon 30. 文型（Ce n'est pas ce que...） ························ 90

参考文献と略号

—Albrecht Reum, *Petit Dictionnaire de Style* (Leipzig, 1911, 1953) [略号 = **REUM**].
—*Le Nouveau Petit Robert*. Nlle éd. remaniée et amplifiée (Le Robert, 1993) [**NPR**].
—*Dictionnaire du français contemporain* (Larousse, 1971) [**DFC**].
—*Mémento orthographique* (Département de l'instruction public, Genève, 1962).
—M.Ruquet/J.L.Quoy-Bodin, *Comment dire?/raisonner à la française* (CLE International, 1988).
—Marie-Noëlle Lamy, *The Cambridge French-English Thesaurus* (1998).
—市川慎一『フランス語の手紙』(白水社、1982).
—市川慎一『フランス語の決まり文句』(大修館書店、1994).

—比較されたい confer = *Cf.*
—なにか[もの] quelque chose = *qch.*
—だれか[人] quelqu'un = *qn.*
—男性名詞 = 名・男
—女性名詞 = 名・女
—複数形 = 複
—形容詞 = 形
—副詞 = 副

第一部　単文編

Leçon 1. 命令（Impératif）

> アルコールの飲み過ぎは健康に有害です。ほどほど
> にお飲みください。
> L'abus d'alcool est dangereux pour la santé,
> **consommez** avec modération.

問題：下の仏文を参考にして次の日本文を仏訳しなさい。

1) こちらから来てください。
   Dites à ce monsieur de passer par ici.
2) もう少し大声でお話ください。
   Dites à votre voisin de parler un peu plus fort.
3) 少しの間、待ってください。
   Dites au chauffeur de taxi d'attendre un moment.
4) 犬を怖がらないでね。
   Dites à votre ami de ne pas avoir peur du chien.
5) 食卓ではそんなに喋べらないで。
   Dites à votre fils de ne pas bavarder tant à table.
6) 静かにしてください。
   Dites aux élèves d'être tranquilles.
7) 安全ベルトをお締め下さい。
   Dites aux passagers d'attacher leur ceinture.
8) 皆さん、食卓についてください。
   Dites à vos invités de se mettre à table.
9) 最後までわたしの言うことをお聞きください。
   Dites à votre ami de vous écouter jusqu'au bout.

10) 決断をくだす前によくお考えください。
　　Dites à votre collègue de réfléchir bien avant de prendre sa décision.
11) 若さを保ちましょう。
　　Proposez à tout le monde de rester jeunes!
12) もう出掛けましょう。
　　Proposez à vos participants de partir maintenant!
13) 今日は［教科書の］20ページでやめておきましょう。
　　Proposez à vos étudiants de s'arrêter à la page 20.
14) 急ぎましょう。
　　Proposez à vos camarades de se dépêcher.
15) 最後に、フランス国歌「ラ・マルセイエーズ」を歌いましょう。
　　Dites à tout le monde de chanter l'hymne national français《La Marseillaise》!

(解答例　p.94.)

［関連語句］　「教科書」manuel（名・男）。

［解説とヒント］　この課にかんしては、各問の下の間接話法文がヒントになっている。
　3) 不規則動詞 attendre の命令形を正確に書けるだろうか。
　4) 常用動詞 avoir の命令形は？
　6) 常用動詞 être の命令形は？　ここは二人称の複数形であることに注意。
　8) 代名動詞 se mettre の命令形は？
　10) -ir 動詞の命令形は？

11)「若さを保つ」=「若いままでいる」Rester jeune (NPR)。*Cf.* Rester vieux garçon や Rester célibataire も利用したい表現。

12) と 13) も代名動詞の命令形を問う問題。

15)「最後に」pour finir が慣用語句。

[Vocabulaire チェック(1)]

果実のアーモンドは une amande だが、同じ発音で綴りの異なる単語は？　正解は une amende で「罰金」の意。

Leçon 2. 受動態（Passif）

> ホームステイには苦もあり、楽もある。
> Le séjour en famille [d'accueil] **est semé** de joies et de peines.

問題：下の仏文［能動態］を参考にして次の日本文を受動態で仏訳しなさい。

1) レジの女店員は誰からも好かれている。
   Tout le monde aime cette caissière.
2) この町は河によりふたつに分かれている。
   Le fleuve divise cette ville en deux.
3) ヴェネチアは運河の町として知られている。
   On connaît Venise pour être une ville de canaux.
4) この著作は考古学の最良の参考書とみなされています。
   On considère cet ouvrage comme étant le meilleur livre en archéologie.
5) 市場は日本製の商品があふれている。
   Les produits japonais envahissent le marché.
6) 毎夏、この浜辺には観光客が押し掛ける。
   Chaque été, les touristes envahissent cette plage.
7) 家の息子はこれらの玩具すべてを壊してしまう。
   Notre fils casse tous ces jouets.
8) コピー機は運送中にいたんでしまう。
   Le transport abîme cette photocopieuse.
9) 学院長に坂田氏が選ばれた。

On a élu M.Sakata directeur de l'Institut.
10) 昨夜、[サッカーの] マルセーユは 3 対 1 でパリに敗れた。
Hier, Paris a battu Marseille 3 à 1.
11) 今朝、新しいロケットが打ち上げられた。
Ce matin, on a lancé une nouvelle fusée.
12) 四月から父は早期退職をせまられている。
Depuis le mois d'avril, on met mon père en pré-retraite.
13) 彼女は不正行為のために解雇された。
On l'a congédiée pour indélicatesse.
14) 2000年度のノーベル化学賞は白川教授に授与された。
En l'an 2000, on a attribué le prix Nobel de chimie au professeur Shirakawa.
15) 市長の新しい都市計画は早晩、再検討されることだろう。
On remettra en cause le nouvel urbanisme du maire tôt ou tard.

(解答例 p.95.)

[**関連語句**] この課でもすべての重要語句は下の仏文[能動態]に示されている。

[**解説とヒント**] この課も、ヒントとして能動態の仏語が与えられているから、受動態にかえる際には、主語の人称と時制に要注意。
  1) tout le monde のような不定動作主は par でなく、de で表すのが普通。
  3) 受動態では不定動作主 on は省くのが普通。
  4) 「... を ... とみなす」は considérer (regarder) ...comme

が熟語。
9) 「... として選ぶ」は élire *qn*.... 無冠詞。
10) 「... 対 ... で敗れる」は「チームは3対0で敗られた」は L'équipe a été battue par 3 à zéro. (NPR) が正式の言い方。
13) 「のために解雇する」は pour... で表すのが普通。動詞は renvoyer も使える。*Cf.*「犯罪のかどで罰せられる」être puni *pour* ses crimes (NPR).
14) 「... に ... を授与する」の同意語としては Décerner un prix / un diplôme à *qn*. (NPR) も利用したい。
15) 「早晩に」は tôt ou tard が熟語。「すこし遅れて」un peu tard、「かなり遅れて」bien tard、「遅すぎる」trop tard の順になる。

[**Vocabulaire** チェック（2）]
船の錨は une ancre であるが、同じ発音で、綴りの異なる単語は？　正解は une encre で「インク」の意。

Leçon 3. 文型(assez ... pour ＋不定詞)

> パリからそれほど離れていないので、これらの村人たちはそうした欠陥(欠点)をもっていない。
> Ces villageois ne sont pas **assez** éloignés de Paris **pour** avoir ce défaut.

問題：[関連語句]と[ヒント]を参考にして次の日本文を仏訳しなさい。

1) Françoise は大きくなり、ひとりで学校へ行ける。
2) Eric はアルコール飲料を注文できる年齢になっていない。
3) Paul は駅のすぐ近くに住んでいて、駅には五分で行ける。
4) 梅雨が長引いて、田んぼ一面は緑になる。
5) 彼は天井に届くほどまだ背は高くない。
6) もうすこし大きな声でお話ください。
7) すみませんが、明日は早い時間にこちらにお越し願えませんか。
8) このところ課長は時間の余裕ができてあの一件に取り組んでいる。
9) 先生はセカンド・ハウスを購入できるほど収入があればと期待している。
10) これらの小学生たちは横になれるくらいのスペースを見つけた。
11) ひとりで歩けるほど彼女の体調はまだ回復していない。
12) あなたの従兄弟は再び出社できるほど回復していないのですか。

13) われわれはまだ幼かったので戦争には行きませんでした。
14) 書留をとりに郵便局まで行ってくれませんか。
15) 死ぬ前に、老人は借金すべてを返せるほど十分なお金を稼いでいた。

(解答例 p.96.)

[**関連語句**] 「アルコール飲料」boisson alcoolisée(名・女),「梅雨」saison des pluies「名・女」,「田んぼ」rizière(名・女),「天井」plafond(名・男),「セカンド・ハウス」résidence secondaire(名・女),「(この場合の)スペース」place(名・女),「再び出社する」retourner à *son* bureau,「戦争に行く」partir à la guerre,「書き留め(郵便)」lettre recommandée(名・女),「借金」dette(名・女)。

[**解説とヒント**] この課で取り上げる文型(assez...pour...)は、第4課の文型(trop...pour...)と姉妹関係にあるので、前者を否定にしなければ後者も利用できる。

1) フランス語では「(成長するの意の)大きい」も 5)の「背が高くなる」も grand, e で表す。
2) 「...の年齢になる」には形容詞 âgé, e を用いるとよい。
3) 「5分で(5分のうちに)」は *en* 5 minutes,「5分後」は *dans* 5 minutes.
4) 「長引く」には「長く続く」動詞 durer を利用。主語を「梅雨」とすると「緑になる」は「(田んぼを)緑色にする」reverdir.
5) 「(手が)届く」には他動詞 atteindre.
6) 「大きな声で話す」は、parler fort が定番。
7) 「すみませんが」は日本語のながれを活かすと Voulez-

vous être assez gentil(le) pour ＋不定詞？を利用したい。
8) 「...に取り組む」s'occuper de *qch.* などが考えられる。
9) 「収入があれば」は、フランス語では露骨に gagner assez d'argent pour ＋不定詞。
10) ここの「スペース」は、assez de... を用いない場合は部分冠詞 de la place となるところ。
11) と 12) の「回復する」は être guéri, e か être rétabli, e が決まり文句。
13) 「幼かったので戦争に行けない」は être trop jeunes pour partir à la guerre とも書ける。
14) 「...を取りに行く」は aller chercher *qch.* をよく使う。
15) 「借金をかえす」は他動詞 rendre でもよいが、他に rembourser も使える。

[**Vocabulaire** チェック(3)]
作家は un auteur だが、この語と同じ発音で、綴りの異なる別の名詞は？　正解は la hauteur で「高さ」を意味する。

Leçon 4. 文型(trop...pour ＋不定詞)

> 女優は成功にとても気を良くしていたので罵倒されたのをこぼすどころではなかった。
> La comédienne était **trop** heureuse de son succès **pour** se plaindre d'avoir été insultée.

問題：[関連語句]と[ヒント]を参考にして次の日本文を仏訳しなさい。

1) Paul はまだ小さくて幼稚園に行けない。
2) 今日の午後は天気が悪すぎて外出できない。
3) レストランで夜食をとりに行くには遅すぎた。
4) 彼女は急いでいたのですべての窓を閉めなかった。
5) 夫は仕事がありすぎて妻と一緒に外出できなかった。
6) あまりにも時間がなさすぎて彼は書類一式を学校へもっていけなかった。
7) 講演者はあまりに小声で話したので、みんなは理解できなかった。
8) 道路は滑りやすく、乗馬はできかねた。
9) 物語は込み入りすぎていて、小学生には理解できなかった。
10) 女子学生は大学から遠くに住んでいるので、徒歩では行けない。
11) あの当時、われわれは若すぎて、あの事件をよく呑み込めなかった。
12) 泥棒たちはあわてて立ち去ったので、紙幣すべてを持ち去れなかった。

13) Claudineは夫を知りすぎていて、彼にそのような行為ができるとは信じなかった。
14) 若者には想像力が欠如しすぎていて、そのような嘘をでっちあげられなかった。
15) 犯罪の動機は卑劣すぎてテレビで放映されなかった。

(解答例 p.97.)

[関連語句] 「幼稚園」[école] maternelle (名・女)、「夜食をとる」souper、「窓」fenêtre (名・女)、「夫」mari (名・男)、「妻」は sa femme の他に épouse (名・女)、「書類一式」dossier (名・男)、「講演者」orateur (名・男)、「すべりやすい」glissant, e (形)、「小学生」écolier, écolière (名・男/女)、「女子学生」étudiante (名・女)、「あの当時」à cette époque-là、「泥棒」cambrioleur/voleur (名・男)、「紙幣」billet de banque (名・男)、「行為」geste/acte (名・男)、「想像力」imagination (名・女)、「嘘」mensonge (名・男)、「犯罪の動機」mobile du crime (名・男)。

[解説とヒント] 前課で学んだ文型 (assez...pour...) との関連を忘れないように。
1) 「入園する」も entrer à la maternelle という。
2) 「天候が悪い[よい]」は非人称表現 Il fait mauvais[beau]. が定番。
3) 「...するには遅い[早い]」は時刻の非人称表現 Il est tard[tôt] pour....
4) 「(窓)を閉める」には fermer でもよいが、refermer.
5) 「仕事がありすぎる」=「仕事を持ちすぎる」avoir trop de travail.

― 12 ―

6) 「時間がなさすぎる」は avoir trop peu de temps.
7) 「講演者」を主語にすると、trop...pour...の後は受け身形となる。
8) 「乗馬をする」には faire du cheval が使える。
9) 「物語」が主語だと、7) と同じ形になる。
10) 「徒歩で行く」は aller à pied が熟語。
11) ここは「われわれ」が主語だから、受け身形とはならない。
12) 「あわてて」には précipitamment がよいだろう。
13) ここは複文を用いないで処理したいので工夫を要する。
 Cf. 《Claudine ne croit pas son mari capable d'un tel geste.》詳しくは第11課（p.34）を参照されたい。
14) 「でっちあげる」他動詞 inventer でよいだろう。
15) 「犯罪の動機」を主語にすると trop...pour... 以下は受け身形となる。

[Vocabulaire チェック(4)]
前置詞 avant「...の前に」と同じ発音で、綴りの異なる単語（ふたつ）は？　正解は Avent と à vent. 前者はクリスマスに先立つ（キリスト教）の待降祭（名・男）。後者は「風車」un moulin *à vent* や「管楽器」un instrument *à vent* のように用いられる。

Leçon 5. 文型（après avoir[être]＋過去分詞）

> 飲んだら、運転をしない。
> **Après avoir bu,** il ne faut pas se mettre au volant.

問題：［関連語句］と［ヒント］を参考にして次の日本文を仏訳しなさい。

1) ちょっと考えてから、受験生はいいえ、と答えた。
2) 旅館で1時間休んでから、われわれは再び出発した。
3) 旅人は一家の全員に挨拶した後、別荘を去った。
4) あの有能な社員は社長の娘と結婚した後、40代前に亡くなった。
5) あれほど従順にしてきた後で、私はまだあなたの忠告をきかねばならないのですか。
6) 前世紀に占領された後、この国はやっと独立した。
7) 大型［テレビ］受像機を見慣れた後では、視聴者はこの新型［テレビ］では飽き足りない。
8) 風景に見とれた後、カップルは次の宿泊予定地に向けて出発した。
9) 旧兵舎は長らくバス発着所に使用された後、スーパー・マーケットにかわった。
10) この広大な国を走破した後で、外国の探検家はついに首都に到達した。
11) すぐれた外交官を務めた後に、彼は突然、進路をかえた。
12) 20年間、校長の職にあった後、父は退職する予定だ。
13) バッグの中をかき回した後、Françoisはそれをナイトテー

ブルの下においた。
14) 二言三言述べた後で、講演者は息を切らしていた。
15) 駅で落ち合うようにとメールで言ってきたが、父は私を出迎えにきていなかった。

(解答例 p.98.)

[**関連語句**] 「受験生」candidat,e(名・男/女), 「旅館」auberge(名・女), 「別荘」villa/maison de campagne(名・女), 「社員」employé,e(名・男/女), 「社長」P.D.G. = président-directeur-général の略(名・不変), 「大型[テレビ]受像機」téléviseur grand écran(名・男), 「視聴者」téléspectateur(名・男), 「風景」paysage(名・男), 「宿泊予定地」étape(名・女), 「兵舎」caserne(名・女), 「バス発着所」gare routière(名・女), 「探検家」explorateur(名・男), 「外交官」diplomate(名・男/女), 「校長」directeur[directrice] d'école(名・男[女]), 「バッグ」sac(名・男), 「ナイトテーブル」table de nuit(名・女)。

[**解説とヒント**] 「かこみ文」に用いられている le volant は「ハンドル」の意だが、「運転中である」être *au volant* や「運転する」prendre / tenir *le volant* も活用したい。

1) 「いいえ[はい]と答える」は répondre que non[oui] で表せる。
2) 「出発する」は partir でもよいが、se [re]mettre en route が定番。
3) 「挨拶する」他動詞一語で saluer.
4) 「40[50]代前に」には avant la quarantaine[la cinquantaine] という気の利いた表現がある。
5) 「...の忠告をきく」は suivre *son* conseil が決まり文句。

6)「やっと［ついに］...した」には、finir par + 不定詞も使える。
7)「飽き足りない」には se sentir frustré を使ってみたい。
8)「見とれる」admirer でよかろう。
9)「...として使う」servir de + 無冠詞名詞が定番。「かわる」=「再整備される」être réaménagé en... と考える。
10)「走破する」は他動詞 parcourir.「到達する」は自動詞 parcourir でもよいが、同じ動詞を避けて arriver を用いる。
11)「[進路等]をかえる」changer de + 無冠詞名詞を利用したい。
12)「退職する」prendre *sa* retraite が決まり文句。
13)「... の中をかきまわす」fouiller dans... で絶対的用法。
14)「息を切らす」s'essouffler.
15)「... するようメールで言う」dire à *qn.* de + 不定詞でさばきたい。

[Vocabulaire チェック(5)]

老人が愛用するのは une canne「ステッキ」であるが、この語と同じ発音で、綴りの異なる単語は？　正解は une cane で、「めすのアヒル」の意。因みに「おすのアヒル」は un canard.

Leçon 6. 文型（avant de ＋不定詞）

> 取らぬタヌキの皮算用（諺）
> Il ne faut pas vendre la peau de l'ours **avant de** l'avoir tué.

問題：［関連語句］と［ヒント］を参考にして次の日本文を仏訳しなさい。

1) この問題に答える前に君はよく考えてみたまえ。
2) 日本人である前に、彼らとて人間なのだ。
3) わたしの手紙を受け取る前には手紙を書かないでください。
4) ネッカチーフを買う前に試着してみなさい。
5) 入室する前にベルをお押しください。
6) 口頭試問をうける前にこれらの指示書をよくお読みください。
7) 列車から降りる前に忘れ物がないようにお確かめください。
8) 運転するにはベルトの着用が義務づけられている。
9) ホールへのご入場案内をしますので、ここでお待ちください。
10) 薬の服用前には説明書を注意してお読みください。
11) 就寝前に目覚ましを6時にあわせておいてください。
12) ちびっこたち。食卓につく前にどうか手を洗ってきてちょうだいな。
13) パリ到着前に私は同僚に空港への到着時刻をあらかじめ知らせておいた。
14) 小学生たちは先生と別れる前には、静かにしていると約束

した。

15) 今日では日本のどの製造業者もあらかじめ市場調査をしないで新しい企画に着手できない。

(解答例 p.99.)

[関連語句]　「人間」être humain(名・男),「ネッカチーフ」foulard(名・男),「口頭試問」examen oral(名・男),「ベルト」ceinture(名・女),「ホール」auditorium(名・男),「薬」médicament(名・男),「説明書」notice(名・男),「目覚まし[時計]」réveil(名・男),「空港」aéroport(名・男),「製造業者」fabricant(名・男),「市場調査」sondage auprès du public(名・男),「企画」projet(名・男)/entreprise(名・女)。

[解説とヒント]　[かこみ文]にはよく知られた諺に登場願ったが、この文で用いられているような文型(avant de + 複合不定詞)よりはもっぱら(avant de + 不定詞)のかたちが常用される。

1)「よく考える」réfléchir bien が定番。
2)「人間」は文字どおり homme であるが、ここは être humain で表現したい。
3) [解説]で述べた複合不定詞のひとつで、「私の手紙を受け取る前には手紙を書くな」を強調している点に注意。
4)「試着する」も essayer.「試飲する」も同じ essayer でよい。
5) 丁寧語として Vous êtes prié de + 不定詞を覚えておきたい。
6) 同じく丁寧な表現として Veuillez bien + 不定詞も使える。
7)「忘れ物」=「なにも忘れないこと」rien oublier と表現するのが普通。「遺失物」=「見つけられた物」は objets trouvés となり、因みに「遺失物取扱所」は bureau des

objets trouvés という。
 8)「運転する」prendre le volant. なお、第5課の［解説とヒント］を参照されたい。「［安全］ベルトを着用する」attacher *sa* ceinture［de sécurité］が決まり文句。
 9)「案内する」=「案内される」être invité à + 不定詞で表現できる。
10)「薬を服用する」prendre des médicaments でよいが、absorber も可。
11)「目覚ましを7時にあわせる」Mettre le réveil **à** sept heures (NPR) でもよい。
12)「そうしてくれるとありがたい」の意を表すのに Faites-moi le plaisir de + 不定詞も一興。
13)「... に ... をあらかじめ知らせる」Prévenir *qn.* de *qch* (DFC) が定番。
14)「静かにする」garder le silence でも表せる。
15)「あらかじめ」préalablement か、文章語では au préalable.

[Vocabulaire をチェック(6)]
形容詞 clair, e「明るい」と同じ発音で、綴りの異なる単語（ふたつ）は？　正解は claire「牡蛎の養殖場」（名・女）と clerc「［公証人などの］書生」（名・男）。

Leçon 7. 現在分詞（Participe présent）と過去分詞（Participe passé）

> 修道女はまだ子供だった時に、神なき人間の悲惨を知った。
> [Etant] **encore enfant**, la religieuse a connu la misère de l'homme sans Dieu.

問題：[関連語句] と [ヒント] を参考にして次の日本文を仏訳しなさい。

1) 病人には隣人が犬を散歩させているのが見える。
2) 昨日、わたしは娘からパリ発信の手紙を受け取った。
3) 先生は学生たちが申し分なく勉強しているのを見て満足している。
4) われわれは外国人の隣人がスーパーから出てくるのに出会った。
5) ここから若者が大挙してホールに殺到するのが見える。
6) 昨夜東京を発ち、大使は今朝パリに到着した。
7) 美しい衣服に目がいくので、女性客はスターの衣装を子細に眺めていた。
8) ひとりだったので、可哀相な女は市役所にあえて出頭しなかった。
9) モントリオールに戻ると、ビジネスマンはバンクーバー行きの直行便に再び乗った。
10) ハンターは注意深く見た後で、象に発砲した。
11) 成功に元気づけられ、受験生は一層の努力をした。
12) 結核に冒されていたので、王は十五歳で亡くなった。

13) 優秀なラテン語学者だったので、叔父はセネカを愛読したものだった。
14) 夕食が終わると、外国人は日本庭園巡りに誘われた。
15) 寒かったので、観光客はアノラックを着用せねばならなかった。
(解答例 p.100.)

[**関連語句**]「病人」malade(名・男/女),「隣人」voisin, e(名・男/女),「申し分なく」comme il faut(副詞句・不変),「スーパー・マーケット」supermarché(名・男),「大挙して」en foule,「大使」ambassadeur(名・男),「衣服」vêtement(名・男),「[女性]客」client,e(名・男[女]),「衣装」toilettes(名・女複),「市役所」mairie(名・女),「ビジネス・マン」homme d'affaires(名・男),「直行便」avion/vol direct(名・男),「ハンター」chasseur(名・男),「一層の努力」efforts supplémentaires(名・男複),「結核」tuberculose(名・女),「ラテン学者」latiniste(名・男/女),「セネカ」Sénèque(西暦前4〜65),「日本庭園」jardin japonais(名・男),「アノラック」anorak(名・男)。

[**解説とヒント**]「かこみ文」の「神なき人間の悲惨」はBlaise Pascal(1623〜1662)をしのぶ言葉。

1) 人が散歩するは代名動詞 se promener だが、ここは他動詞 promener の出番。
2) 「パリ発信の手紙」はune lettre de Paris でもよいが、une lettre provenant de Paris がより正確。
3) 知覚動詞voirを用いた表現では不定詞travaillerだけでも表現できるが、ここは現在分詞 travaillant を使いたい。
4) ここも「スーパーマーケットから出てくる」臨場感を表すため現在分詞 sortant.
5) ここも代名動詞se précipiterでもよいが、se précipitant.

6) 「東京を発つ」quitter Tokyo を用いて、文章を簡潔にする工夫がほしい。
7) 「衣服」に vêtements を用いると、「衣装」には別の単語を使いたい。
8) このような場合、「かこみ文」と同じで、[Etant] toute seule, とし、文頭にだしてよい。
9) 「再び ... に乗る」は、reprendre で表せる。
10) 「... に発砲する」は tirer sur *qch.* が決まった表現。
11) 「元気づけられる」être encouragé par ... でよいが、ここからは過去分詞の出番となる。
12) 「...［病］に冒される」être miné par... が定番。同意語としては être attaqué.
13) ここも 8) のような工夫がほしいところ。なお、「愛読したものだった」には aimait lire でもよいが、se plaisait à lire でも書き換えが可能。
14) いわゆる絶対分詞法を用いて文章を簡潔にする工夫を問う問題。*Cf.*「われわれが歌をうたい終えると、観客は喝采した」。《Notre chanson *finie*, le public a applaudi.》/「ひとたび危険が去ると、誰しもそうしたことのすべてを忘れてしまう」。《Une fois le danger *passé*, tout le monde oublie tout cela.》を参照するとよい。
15) 天候を表す非人称構文は Il fait froid. だが Le temps を主語にすることも可。

[**Vocabulaire** チェック(7)]
「［銀行等の］口座」は un compte だが、この語と同じ発音で、綴りの異なる単語（ふたつ）は？　正解は un conte「物語」と un comte で貴族の称号のひとつ「伯爵」。

Leçon 8. ジェロンディフ (Gérondif)

地理的にはフランス語圏に属しながらも、これらスイスの若者はドイツ語とフランス語を流暢に話します。
Tout **en relevant** géographiquement **de** la Suisse romande, les deux jeunes hommes suisses parlent couramment l'allemand et le français.

問題：[関連語句] と [ヒント] を参考にして次の日本文を仏訳しなさい。

1) わたしをみとめると、女子学生は「おはようございます」といった。
2) 窓の外を眺めていると、低い雲が見える。
3) 娘はわたしを見ると、爆笑した。
4) 誰しもChartresに寄り道をして、パリへ向かうのに同意している。
5) 木の葉が風にそよぐのを見ていると、わたしは眠気にさそわれる。
6) 兄はこの奨学金のおかげでフランスに留学できた。
7) もう少し精を出せば、君は来年、入試に合格するだろう。
8) 毎日、いろいろなことを話ながら、わたしたちは森を散歩して長い一日を過ごしたものでした。
9) この論法を推し進めれば、誰しも要点を見失いかねないだろう。
10) この国では独身をとおしても、物質的便宜をすべてうけら

れる。
11) これから猛勉すれば、君は級友たちのレベルに追いつけるでしょう。
12) 市長は公害問題とたたかいながらも、新しい都市計画に取り組むはずです。
13) ネズミ等を殺すことにより、蛇は生態系の均衡を保つのに貢献している。
14) 君の骨折りには感謝しつつも、残念ながらご提案を承諾できません。
15) 級友たちのレベルまで到達できれば、わたしは先生に少しは気に入ってもらえましょうか。

(解答例 p.101.)

[関連語句] 「雲」nuage(名・男),「寄り道[をする]」[faire]un détour,「木の葉」feuille d'arbre(名・女),「奨学金」bourse(名・女),「入学試験」concours d'entrée(名・男),「一日」journée(名・女),「論法」raisonnement(名・男),「要点」essentiel(名・男),「独身」célibataire(名・男/女),「便宜」avantage(名・男),「級友」camarade(名・男/女),「レベル」niveau(名・男),「市長」maire(名・男),「公害問題」problème de pollution(名・男),「都市計画」projet d'urbanisme(名・男),「蛇」serpent(名・男),「生態系の均衡」équilibre écologique(名・男),「[お]骨折り」peine(名・女),「提案」proposition(名・女)。

[解説とヒント] 「かこみ文」の relever de *qch*. は appartenir à *qch*. の同意語として利用したい動詞。
 1) 「[人の姿など]をみとめる」は他動詞 apercevoir. 代名動詞

「... に気づく」s'apercevoir de *qch* と混同しないこと。
2)「窓の外を見る」は regarder par la fenêtre が決まり文句。
3) ここの「爆笑する」は rire de tout son cœur でよかろう。文章語では rire *à gorge déployée* (NPR) も。
4)「パリへ向かう」faire la route vers Paris. 他に代名動詞 s'acheminer vers... も可。
5)「風にそよぐ」remuer au gré du vent.
6)「... のおかげで」は熟語 grâce à *qch.* も可能だが、ここは「... の恩恵をうける」bénéficier de *qch.* を Gérondif で処理したいところ。
7)「もう少し精を出す」=「もう少しよく勉強する」と考える。
8)「... を ... することで過ごす」は passer *qch.* à + 不定詞を利用。
9)「見失いかねない」=「見失う危険がある」risquer de perdre de vue *qch.* を使いたい。
10)「うけられる」=「権利がある」と考え、avoir droit à *qch.*
11)「猛勉する」は travailler dur. が慣用表現。
12)「... たたかう」lutter contre *qch.*「取り組む」s'occuper de *qch.*
13)「... を保つのに貢献する」contribuer à maintenir *qch.*
14)「... に感謝する」remercier *qn.* de/ pour *qch.*
15)「レベルまで到達する」には atteindre le niveau で表せる。

[Vocabulaire チェック(8)]
現在ではアイスボックスのほうがわかりやすいが、名詞「氷室」une glacière と同じ発音で綴りの異なる単語は？　正解は形容詞 glaciaire で「氷河期」l'époque galaciaire に用いられる。

Leçon 9. 文型(Il est le dernier à ＋不定詞)

> 日本は戦争を禁じる憲法（第9条）をもつ世界で唯一の国である。
> Le Japon **est le seul pays** au monde à être doté d'une constitution(l'article 9) qui lui interdit de faire la guerre.

問題：［関連語句］と［ヒント］を参考にして次の日本文を仏訳しなさい。

1) 家の娘だけがこのような行動に出るわけではない。
2) Maurice はこの種の仕事がもっともできそうもない。
3) ぼくは先頭切って彼女の悪口を言いたくない。
4) この政治家はこの種の贈り物をもっともうけとりそうもない。
5) Michel だけがこの仕事をこなせるだろう。
6) 問題を解決できるのは彼女だけだった。
7) Pauline だけがこの呼びかけに応じる人ですか。
8) この国は言論の自由を尊重しない希有な国のひとつである。
9) 日本は真剣に公害問題にもっとも取り組んでいる最初の国のひとつだ。
10) ロシアは原爆を所有する最初の国のひとつだった。
11) この宇宙飛行士は地球と月との間を何度も往復した人のひとりだった。
12) アメリカ合衆国はこの国際委員会のメンバーでないまれな国のひとつである。

13) 日本ではこの女子のマラソン・ランナーがオリンピックで金メダルを獲得した唯一の人である。
14) フランスだけがこの運動に反対しているわけではもはやない。
15) 日本以外で、日本語を学ぶ人が一番多いのは台湾の中国人です。

(解答例 p.102.)

[**関連語句**] 「政治家」homme politique(名・男),「贈り物」cadeau(名・男),「呼びかけ」appel(名・男),「言論の自由」liberté d'expression(名・女),「公害問題」(Leçon 8.を参照),「原爆」bombe atomique(名・女),「宇宙飛行士」cosmonaute(名・男女),「国際委員会」comité international(名・男),「マラソン選手」marathonien,ne(名・男/女),「オリンピック・[ゲーム]」jeux olympiques(名・男複),「金メダル」médaille d'or(名・女),「運動」mouvement(名・男),「台湾の中国人」Taiwanais,e(名・男/女)。

[**解説とヒント**] 「かこみ文」で「憲法をもつ」être doté de *qch*. に用いられているこの表現はもっと活用されてよい。たとえば「彼は類い稀な記憶力に恵まれている」《Il *est doté d*'une mémoire exceptionnelle.》(NPR) のように。
1) 「このような行動に出る」はあっさりとagir ainsiで表現できる。
2) 「この種の仕事」ce genre de travailでよかろう。
3) 「... の悪口を言う」は dire du mal de *qn*. が熟語。
4) 「もっともうけとりそうもない」=「うけとる最後の人」と考える。

5) 「こなせる」=「できる」être capable de *qch.* が使える。
6) 「この問題を解決する」定番動詞は résoudre.
7) 「この呼びかけに応える」動詞は répondre à *qch.* でよい。
8) 「希有な国のひとつ」un des rares pays. でよい。
9) 「最初の国のひとつ」un des premiers pays. でよい。
10) 「所有する」動詞は posséder を使いたい。
11) 「地球と月の間を往復する」faire la navette entre la terre et la lune を覚えておきたい。
12) 「唯一の国」un des seuls pays.
13) 「金(銀、銅)メダルを獲得する」obtenir une médaille d'or, (d'argent, de bronze).
14) 「... に反対する」s'opposer à *qch.* が定番。
15) 「日本以外で」=「日本の外で」と考え、hors du Japon がよかろう。

[Vocabulaire チェック(9)]

名詞「[コーヒーのろ過等に使う] フィルター」un filtre と同じ発音で、綴りの異なる単語は？　正解は un philtre「媚薬」で un philtre d'amour のかたちでよく用いられる。

Leçon 10. 文型(Il n'est pas homme à＋不定詞)

> この成り上がりは最初の好機を見逃すような人ではなかった。
> Ce parvenu n'**était** pas **homme** à laisser échapper la première occasion qui s'offrait à lui.

問題：[関連語句] と [ヒント] を参考にして次の日本文を仏訳しなさい。

1) 父は嘘をつくような人ではない。
2) Pierre は無駄口をたたくような男ではない。
3) 看護婦は同じ過ちを繰り返すような人ではない。
4) 若者は偉大な音楽家になるような人間だった。
5) このお喋りはその点にかんして口をつぐむような男ではなかった。
6) 老人は老朽化した自宅をかまうような人ではない。
7) 社長はひとつの仕事に全エネルギーをつぎ込む人ではない。
8) 弟はビデオゲームに興じるような男ではない。
9) 女性代議士は発言の機会を見逃すような人ではない。
10) 小説家は私生活を好んで物語るような人ではない。
11) 妻は友達の悪口を言うような女ではない。
12) 理事長は部下［協力者］の一方的な説明を鵜呑みにするような人であった。
13) 犯罪者は愛情のもつれによる犯罪について語るような人ではなかった。
14) 市長は中央政府のいいなりになるような人間ではない。

15) 首相は自国の景気の落ち込みを公然と嘆くような人ではない。

(解答例 p.103.)

[**関連語句**] 「看護婦」infirmière(名・女),「過ち」erreur/faute(名・女),「音楽家」musicien,ne(名・男/女),「おしゃべり」bavard,e(名・男/女),「老朽化した自宅[家]」maison délabrée(名・女),「社長」P.D.G.(Leçon 5.に前出),「ビデオ・ゲーム」jeu vidéo(名・男),「代議士」député,e(名・男/女),「小説家」romancier,ère(名・男/女),「私生活」vie privée(名・女),「理事長」administrateur(名・男),「部下[協力者]」collaborateur,trice(名・男/女),「犯罪者」coupable(名・男女),「愛情のもつれによる犯罪」crime passionnel(名・男),「中央政府」gouvernement central(名・男),「首相」premier ministre(名・男),「景気の落ち込み」récession[économique](名・女)。

[**解説とヒント**] [かこみ文]の「成り上がり」parvenuは古くなりつつある言葉で、最近では nouveau riche(名・男)も使う。

1) 「嘘をつく」mentirが定番。「年齢をごまかす」mentir sur *son* âge。
2) 「無駄口をたたく」parler inutilement でよかろう。
3) 「同じ過ちをくりかえす」動詞は répéter でもよいが、recommencer も可。
4) 「若者」は jeune でもよいが、jeune homme でもよい。
5) 「口をつぐむ」se taire là-dessusが定番。文章語ではne pas desserer les dents(NPR)が同意語。
6) 「かまう」あっさりと s'occuper de *qch.* でよかろう。
7) 「全エネルギーをつぎこむ」employer toute *son* énergie à

qch.

8)「ビデオ・ゲームに興ずる」s'amuser aux jeux vidéo でもよいが、言い換えとして prendre plaisir à *qch.* も利用したい。

9)「機会を見逃す」manquer/négliger l'occasion de ＋不定詞。

10)「好んで物語る」簡単には aimer raconter でもよい。

11)「悪口をいう」dire du mal de *qn.* が熟語。反対語は dire du bien de *qn.*

12)「鵜呑みにする」avaler ではなく、se contenter de *qch.* で処理。

13)「ついて語る」parler de *qch.* が慣用語句。

14) この文脈では「いいなりになる」は se laisser guider par *qch.* がよかろう。

15)「公然と嘆く」se plaindre ouvertement de *qch.* でさばける。

[Vocabulaire チェック(10)]

形容詞「高い」の女性形 haute と同じ発音で、綴りの異なる単語は？　正解は hôte（名・男女）。この語は「招く主」Personne qui reçoit *qn.*chez elle と「招かれる人」Personne qui reçoit l'hospitalité(DFC) の両方を意味するから要注意。

Leçon 11. 文型(Je la sais sympathique)

> 南の島では、もう夏が到来したような陽気だ。
> Dans l'île méridionale, on **se croirait** déjà **en été**.

問題：[関連語句] と [ヒント] を参考にして次の日本文を仏訳しなさい。

1) わたしは彼女が日本のどこかにいると思っています。
2) 彼ならすべてをしおえてくれるとわれわれは考えている。
3) 病院では患者は時間がとても長く感じている。
4) このレストランではいつも定食がおいしい。
5) 級友たちはみんな映画がすばらしいと思った。
6) Sylvie はクラスでいつも一番できると思っている。
7) 可哀相な Catherine は Paul から愛されていると思っていた。
8) フランスから帰国すると、わたしは父が10歳若がえっていると思った。
9) このどら息子は傍若無人に振る舞う。
10) 彼女はそのような行動ができない人であることをみんな承知している。
11) 今朝、私は彼の顔色がよくないと思った。
12) その若者は兄弟よりもはるかに頭がいいと思っていた。
13) 老人はリュックサックをかつぐほど体力があると思っていない。
14) 今日のテレビニュースによれば、あの会社は倒産寸前と考えられている。

15) 妻は夫に贈り物をする時が到来したと思った。

(解答例 p.104.)

[関連語句] 「どこか」quelque part(副),「病院」hôpital(名・男),「患者」malade(名・男女),「定食」plat du jour(名・男),「映画」film(名・男),「可哀相な」pauvre(形・男女[この意では名詞に前置]),「帰国」retour(名・男),「どら息子」fils à papa(名・男),「顔色」mine(名・女),「頭がいい」intelligent,e(形・男/女),「リュックサック」sac à dos(名・男),「テレビニュース」journal télévisé(名・男),「倒産」faillite(名・女),「贈り物」cadeau(名・男)。

[解説とヒント] 文型(Je la sais sympathique)は、《Je sais qu'elle est sympathique.》とも書けるがこの文型を用いるとぐっとひきしめることができる。

1) 「彼女が日本のどこかにいる」をこの文型でひきしめたい。
2) 「すべてをしおえる」tout finir/terminer でよい。
3) 「... を ... と思う[感じる]は trouver *qch./qn.* ＋形容詞が定番。
4) 「[食べ物、飲み物等]がおいしい」は形容詞 bon の出番。
5) 2)の文型で処理したい。
6) 「一番できる生徒」le meilleur [la meilleure]élève(名・男/女)でよい。
7) 「... から愛されている」se croire aimé de/par *qn.* で表せる。
8) 「10歳[だけ]若返る」[être]rajeuni *de* 10 ans. で処理したい。
9) 「傍若無人に振る舞う」Il se croit tout permis = Il croit

que rien ne limite sa liberté(DFC) が決まり文句。
10) 「...ができる」être capable de + 不定詞が定番だが、不定詞の代わりに名詞も可。
11) まともに書けば《Ce matin, j'ai trouvé qu'il avait mauvaise mine.》だが、ひきしめて書いてみたいところ。
12) 「はるかに頭がいい」beaucoup plus...que で表現できる。
13) 「[自分に]...ほど体力がある」se croire assez fort pour... を利用したい。
14) 「...寸前である」être au bord de *qch. Cf.*「少女はいまにも泣き出しそうだ」《La petite fille *est au bord des* larmes.》
15) 「...時が到来したと思う」croire le moment venu de + 不定詞で処理したい。

[Vocabulaire チェック(11)]
多義語 mal ［名詞では「ホームシック mal du pays」や副詞では bien の反対語］と同じ発音で、綴りの異なる単語（ふたつ）は？　正解は une malle「［大型］トランク」と mâle の二語。後者は名詞「雄」un mâle と形容詞「男性の」の意。

Leçon 12. 文型（Elle trouve utile de＋不定詞）

> 社長はこの断念した企画をふせておくのが望ましいと判断した。
> Le P.D.G. **a jugé préférable de** tenir secret ce projet abandonné.

問題：［関連語句］と［ヒント］を参考にして次の日本文を仏訳しなさい。

1) ぼくはあなたにこの忠告を差し上げるのが有益だと思います。
2) 先生は、毎朝ジョギングをするのがよいと思っている。
3) 主審は彼にイエロー・カードを出すのが正しいと判断した。
4) 両親は息子にこの知らせを隠しておくのがよいと判断する。
5) 女子学生は男友達のGeorgesに頼らないのがよいと考える。
6) ドライバーは踏切で停車するのが慎重なことだと判断した。
7) 警官はこの外国人にはあまりしつこくしないのが妥当だとみなした。
8) 首相はこの代議士を支持するのが外交辞令だと判断した。
9) その時、弁護士は容疑者の弁護をするのがタイムリーだと判断した。
10) われわれはそこから結論を引きだすのは無用だと判断した。
11) 議長は彼をこのポストに任命しないほうが時宜にかなうと思った。
12) 誰しも彼の言うことを最後まできくのは適当ではないと思った。

13) この問題（要点）について同意をうるのは妥当だとわれわれは判断する。
14) その点をあまり強調しないほうが好ましいとDidier氏は判断しているのではないだろうか。
15) 熟慮の末、課長はこの書類を握りつぶすのが好ましいと判断した。

(解答例 p.105.)

[**関連語句**]　「忠告」conseil(名・男),「ジョギング」jogging(名・男),「主審」arbitre(名・男),「イエローカード」carton jaune(名・男),「知らせ」nouvelle(名・女),「ドライバー」conducteur(名・男),「踏切」passage à niveau(名・男),「警官」policier/agent de police(名・男),「外国人」étranger,ére(名・男/女),「代議士」député,e(名・男/女),「弁護士」avocat,e(名・男/女),「容疑者」suspect,e(名・男/女),「結論」conclusion(名・女),「議長」président,e(名・男/女),「ポスト」poste(名・男),「要点」point essentiel(名・男),「問題」question(名・女),「書類」dossier(名・男)。

[**解説とヒント**]　「かこみ文」のtenir＋属詞については、目的補語が短い場合には、形容詞は「彼女は寝室をいつもきれいにしておく」《Elle *tient* toujours sa chambre *propre*.》のように後置されるのが普通。

1) 「... が有益だと思う」croire utile de＋不定詞を利用。
2) 「... よいと思う」trouver bon de＋不定詞が出番。
3) 「... 正しいと判断する」juger juste de＋不定詞。
4) 「...よいと判断する」同じ「よい」だがここはjuger utile de＋不定詞が妥当。
5) 「... に頼る」compter sur *qn.* が熟語。

6) 「慎重なことだと判断する」juger prudent de ＋不定詞。
7) 「あまりしつこくする」=「... から要求しすぎる」trop exiger de *qn*.「妥当だとみなす」estimer normal de＋不定詞。normalの代わりにjusteも可。
8) 「外交辞令だと判断する」=「非常に外交的と判断する」juger très diplomatique de＋不定詞でよかろう。
9) 「タイムリーだと判断する」juger opportun de＋不定詞。
10) 「... から結論を引きだす」tirer une conclusion de *qch*. が決まり文句。「無用だと判断する」juger inutile de＋不定詞。
11) 「時宜にかなうと思う」trouver opportun de＋不定詞。
12) 「適当ではないと思う」estimer mal à propos de＋不定詞。
13) 「同意を得る」obtenir un accordが簡単。「妥当だと判断する」juger convenable de＋不定詞。
14) 「... を強調する」insister sur *qch*.が出番。「... が好ましいと判断する」juger préférable de＋不定詞。
15) 「熟慮の末」toute réflexion faite = tout bien examiné (DFC)が熟語。「書類を握りつぶす」enterrer le dossierで表せよう。ちなみにenterrerは「埋葬する」が原意。

[Vocabulaire チェック(12)]
名詞 une menthe は香料の「ハッカ」を意味するが、この語と同じ発音で、綴りの異なる単語は？　正解は une manthe「(婦人用の) マント」だが、現在では une manthe religieuse「かまきり」のかたちで使われるだけ。

Leçon 13. 非人称構文(**1**)文型(Il y a...)

> 幼稚園の中庭には、母親と4歳くらいの男の子のほかに誰もいない。
> Dans la cour de la maternelle, **il n'y a** personne, sinon une mère et un garçon d'environ 4 ans.

問題：[関連語句] と [ヒント] を参考にして次の日本文を仏訳しなさい。

1) 広場の真ん中には高い塔がある。
2) 公園にはいろいろな植物がありますね。
3) でもこの植物は北米では見られません。

4) 古本屋には良書も悪書もある。
5) でもこの店は良書しか置いていない。

6) 市場には日本製の商品があふれているよ。
7) 日本製のパソコンはどこにありますか。
8) こちらにございます。

9) この名簿にはX氏の名前があります。
10) Y夫人の名前はありませんか。

11) この町は毎夏、水不足だ。
12) 食卓のまわりにはお腹をすかした子供たちがいる。

13）最前列には公的な招待者がいる。
14）市長の話は誤りでいっぱいだった。

15）人には身を固める時がある。

(解答例 p.106.)

[**関連語句**] 「広場」place(名・女)、「塔」tour(名・女)、「公園」jardin public/parc(名・男)、「植物」plante(名・女)、「北米」Amérique du Nord(名・女)、「古本屋」bouquiniste(名・男女)、「店[本屋]」magasin[librairie](名・男[女])、「市場」marché(名・男)、「商品」produit(名・男)、「パソコン」micro-ordinateur(名・男)、「名簿」liste[de noms](名・女)、「名前」nom de famille(名・男)、「[水]不足」pénurie[d'eau]/disette(名・女)、「食卓」table(名・女)、「列」rang(名・男)、「招待者」invité,e(名・男/女)、「市長」maire(名・男)。

[**解説とヒント**]　この課で取り上げる「...がいる/ある」は定番のIl y a qn./qch.であるが、「人があふれている」Il y a foule(NPR).「時効である」Il y a prescription(NPR)や「...が不足している」Il y a pénurie de qch(REUM)のように無冠詞で使う言い回しも若干あるので要注意。
1）「...の真ん中に」au milieu de qch. が定番。
2）「いろいろな」divers, se/varié, e(形・男/女)が使える。
3）「見られる」=「ある/存在する」と考え、il y a/il existe qch.
4）「良書 / 悪書」de bons livres/de mauvais[livres]. 複数名詞に前置されるdeに注意。
5）「... しか置いてない」Il n'y a que qch. が出番。
6）「...があふれている」Il y a beaucoup de qch.でもよいが、

plein[無変化] de *qch.* も可。

7)「[〜]国製」ここは japonais だけでもよいが、de fabrication japonaise という表現もある。

8) 7)の「日本製パソコン」(複数)をうけるのなら、*Les* voilà. 不加算名詞をうける場合には、「ウイスキーはまだあるの。——ええ、ここにあるさ」《Tu as encore du whisky ? ——Oui, *en* voilà.》のようになる。

9)と10)については il y a ... の基本型。

11)「水不足」pénurie d'eau は[解説とヒント]を参照。辞書で要確認。

12)「お腹をすかせた」成句に avoir faim があるが、形容詞に affamé, e も使える。

13)「〜番目の列」au [序数詞] rang が決まった言い方。

14)「...でいっぱい」には6)で覚えた plein de *qch.* で挑戦してみよう。

15)「身を固める」=「独身生活を葬る」enterrer *sa* vie de garçon (NPR)という気の利いた成句がある。「...の時がある」Il y a un moment où... が使えよう。

[Vocabulaire チェック(13)]

「[パン等の]生地」は une pâte だが、この語と同じ発音で、綴りの異なる単語（ふたつ）は？　正解のひとつは「(ハエ等の)脚 une patte。もうひとつはチェスの用語でステールメートを意味する un pat.

Leçon 14. 非人称構文(2)文型(Il est facile de＋不定詞)

> この国において戦前の軍国主義の復活があるとは信じがたい。
> Dans ce pays, **il est difficile de** croire à une renaissance du militarisme d'avant-guerre.

問題：[関連語句]と[ヒント]を参考にして次の日本文を仏訳しなさい。

1) この宿題を明日までに終えるのはむつかしいよ。
2) フランス語を書くのは話すよりもむつかしい。
3) Maupassantの短編をフランス語で読むのはそれほどむつかしくない。
4) 仲間と旅行するのはとても楽しいものだ。
5) 雨の中をジョギングするのは気乗りがしない。

6) たまには気分転換をするのも大事だ。
7) 夏休みにはロシアの長編を読むことが望ましい。
8) 英語以外の外国語を知ることはつねに有益だ。
9) 毎日、この本を5ページ読むのはそれほど骨のおれることではなかろう。
10) お年寄りがこの階段をのぼるのは酷なことだろう。
11) 先生は学生の言い分をよく聞いてあげることが必要である。
12) われわれがこの国の伝統的なお祭りを維持することは必要である。
13) 彼女が決心することが重要だ。

14) この問題の解決はそれほどやさしくはない。
15) その日にできることを翌日まで延ばすのはよくないよ。

(解答例 p.107.)

[**関連語句**] 「宿題」devoir(名・男)，「短編」nouvelle(名・女)，「仲間」camarade(名・男女)，「夏休み」grandes vacances(名・女複)，「長編」long roman(名・男)，「外国語」langue étrangère(名・女)，「お年寄り」personne âgée(名・女)，「階段」escalier(名・男)，「伝統的なお祭り」fête traditionnelle(名・女)，「問題」problème(名・男)，「翌日」lendemain(名・男)。

[**解説とヒント**] [かこみ文]の croire à *qch.* は「神の存在を信じる」croire à Dieu のように使われる用法なので要注意。

1) 「明日までに」jusqu'à demain でもよいが、pour demain も慣用語句。
2) 「フランス語を話す」parler français で無冠詞が普通だが、「フランス語を書く」は écrire le français.
3) 「それほどむつかしい」très difficile も可だが、si difficile も使いたい。
4) 「とても楽しい」très agréable de ＋不定詞が定番だが、il est très doux de ＋不定詞も可。
5) 「気乗りがしない」ne pas être tentant か、ne pas être encourageant がよかろう。ここでは使えないが、他に「私はこの種のショーにはあまり気乗りがしない」《Je ne suis pas très *chaud pour* ce genre de spectacle.》(DFC).というぴったりの言い方もある。
6) 「気分転換をする」se changer les idées が熟語。

7)「望ましい」souhaitable が定番。
8)「英語以外の外国語」une langue étrangère autre que... このように autre を後置することも可。
9)「骨のおれる」=「つらい」pénible でよかろう。
10)「階段をのぼる」monter l'escalier が決まり文句。
11)「学生の言い分をよく聞く」=「学生をよく聞く」で表現できよう。
12)「われわれは ... を維持する」非人称構文では Il *nous* est nécessaire de ＋不定詞で nous の位置に要注意。
13)「彼女が決心する」12)と同じで Il *lui* sera important... でこの限りでは lui は彼か、彼女のどちらかを指す。
14)「それほどやさしい」3)のように si facile も可だが、aussi facile も使える。
15)「(明日まで)延ばす」remettre/reporter à demain だが、この仏訳には次の諺が参考になる。[諺]「今日できることを明日に延ばすな。」《Il ne faut jamais remettre au lendemain ce qu'on peut faire le jour même.》

[Vocabulaire チェック(14)]
名詞「聖人」un saint と同じ発音で、綴りの異なる単語（ふたつ）？　正解は形容詞「健全な」sain, e と名詞「乳房」un sein.

Leçon 15. 非人称構文(3)文型(Il court un bruit sur...)

> この著名なサッカー選手に質の悪い噂が流れている。
> **Il court** un bruit de mauvais goût sur ce footballeur très connu.

問題：[関連語句] と [ヒント] を参考にして次の日本文を仏訳しなさい。

1) この街道にはほとんど車は通らない。
2) 空港へのシャトルバスは、10分毎にやってくる。
3) 鈴木さんのかわりに他の誰かがやってくるだろう。
4) 隣家から焦げたような匂いが出ている。
5) あの女優をめぐっては信じがたい悪口が流れている。
6) 事故にかんしては新聞紙上に多くの記事が出回っている。
7) この世には世紀毎にモーツアルトのような天才が現れる。
8) 空には低い雲が動いていく。
9) 部屋にはまだバラの香りが残っていた。
10) 水面には犬の死骸が浮かんでいた。
11) 雄アザラシよりも雌アザラシが多く生まれる。
12) 町の財政難はそれに起因している。
13) 私の原稿には若干のうっかりミスが生じてしまった。
14) 県道10号には工事のため迂回道路が予定されている。
15) このスキャンダルについて質の悪い冗談が拡がっていた。

(解答例 p.108.)

[関連語句] 「街道」chemin(名・男), 「空港」aéroport(名・男), 「シャトルバス」navette(名・女), 「[他の]誰か」quelqu'un [d'autre](名・不定), 「隣家」maison voisine(名・女), 「焦げたような匂い」odeur de brûlé(名・女), 「信じがたい悪口」médisance incroyable(名・女), 「事故」accident(名・男), 「[新聞]記事」article(名・男), 「天才」génie(名・男), 「低い雲」nuage bas(名・男), 「バラの香り」parfum de roses(名・男), 「水面」surface de l'eau(名・女), 「犬の死骸」chien mort(名・男), 「アザラシ[雌雄]」phoque[femelle/mâle](名・女), 「財政難」difficulté financière(名・女), 「町」ville/municipalité(名・女), 「原稿」manuscrit(名・男), 「うっかりミス」faute d'inattention(名・女), 「県道」route départementale(名・男), 「迂回路」déviation(名・女), 「工事」travaux(名・男複), 「スキャンダル」scandale(名・男), 「冗談」plaisanterie(名・女)。

[解説とヒント] この課のどの問題文も非人称構文を用いなくとも通常文での書き換えが可能である。したがって、以下はあくまで練習であることをわすれないように。

1) 「ほとんど車はとおらない」ここはpeu de voituresの出番。
2) 「…毎に」tous/toutes les + 名詞で表現。「5分毎に」*toutes les* cinq minutes.
3) 「…の代わりに」à la place de *qn.* が決まり文句。《Quelqu'un d'autre viendra *à la place de* M.Suzuki.》も可だが、非人称構文ではどうなるだろうか。
4) 「出てくる」sortir でもよいが、代名動詞 se dégager を使いたいところ。
5) 「… が流れている」[かこみ文]の courir の出番であろう。
6) 「… が出回っている」動詞 circuler を使いたい。

7)「現れる」動詞 apparaître の出番。
8)「動く」代名動詞 s'avancer が考えられる。
9)「... が残る」rester が定番。
10)「浮かぶ」flotter.
11)「... が生まれる」動詞 naître は非人称構文でも使える。普通の用法は周知の「息子は元旦に生まれた」《Notre fils est né le jour du nouvel an.》
12)「... に起因する」découler de *qch.* が成句。
13)「生じる」代名動詞 se glisser の出番であろう。
14)「予定されている」Il est prévu *qch.* という便利な非人称構文を利用したい。「今晩、なにも予定はない」《Je n'ai rien de *prévu.*》にも使える。
15)「... が拡がっている」代名動詞 se répandre が定番。

[Vocabulaire チェック(15)]
名詞「みみず」un ver [de terre] と同じ発音で、綴りと異なる単語(三つ)は？　正解は名詞「詩句」un vers と「グラス」un verre。形容詞としては「みどり［色］の」vert, e.

第二部　複文編

Leçon 16. 文型[比較(1)](plus/aussi/moins＋形/副que...)

> 若い女性は意地が悪いというよりもカマトトなのだ。
> La jeune femme est **plus** prude **que** méchante.

問題：[関連語句]と[ヒント]を参考にして次の日本文を仏訳しなさい。

1) 今日は昨日よりも暑い。
2) 郵便配達［人］は昨日よりも早くこの地区に立ち寄る。
3) 旅人は予定より早く旅館を出発した。
4) Henriは姉よりも高速道路での運転はうまくない。
5) 今朝うちの息子はいつもより早起きをした。
6) 彼はわたしが思っていたよりもてばやく仕事をおえた。
7) われわれのマンションはお宅よりもあきらかに手狭だ。
8) 学生は多分わたしにそうだったようにはあなたには率直ではないでしょう。
9) 個人的にいえば、わたしは冬よりも夏のパリへ行きたいですね。
10) ダンスパーティで、好夫はいつもよりも奇妙に振舞った。

(解答例　p.109.)

[**関連語句**]　「郵便配達［人］」facteur(名・男)，「地区」quartier(名・男)，「旅人」voyageur(名・男)，「旅館」auberge(名・女)，「高速道路」autoroute(名・女)，「仕事」tâche(名・女)，「お宅」＝「あなたのもの」le vôtre/la vôtre(所有代名詞・男/女)，「率直な」franc/che(形・男/女)，

- 48 -

「個人的[にいえば]」personnellement（副），「ダンスパーティ」bal（名・男），「奇妙に」bizarrement（副）。

[**解説とヒント**] 練習問題6)と8)を別にするとあとは単文ばかりなので、看板に偽りありの誹りを覚悟の上でやさしい文章を配列してみた。

1) 「[気候が]暑い/寒い」は天候の非人称構文 Il fait chaud/froid. が定番。
2) 「立ち寄る」多義語の動詞 passer が英語の drop in にあたる。
3) 「予定よりも早く」plus tôt que prévu という便利な表現を活用したい。
4) 「運転はうまくない」conduire *moins* bien que... が使えるかを問う問題。
5) 「いつもより早起きする」代名動詞 se lever に「いつもより...」plus ...que d'habitude を問う問題。
6) 「わたしが思っていたよりもてばやく」が続くので複文になる。さらに虚辞neがうまく使えるかどうかを試す問題。...plus vite que je *ne* pensais.
7) 「[あきらかに]手狭である」plus étroit でもよいが、劣等比較の moins vaste/grand でも可。
8) 「...にたいしたようには率直でない」複文が要求されるだけではなく、6)の虚辞と中性代名詞 le もつけたほうがよい。moins...qu'il *ne l*'a été avec moi.
9) 「行きたい」願望を表しているので、J'aimerais/voudrais ＋不定詞を用いたい。
10) 「いつもより」5)に既出。「振る舞う」代名動詞 se compor-

ter の出番。

[Pause-café(1)]

問題 6) にあるように仕事は早く仕上げてもらうにこしたことはないけれども、「ぞんざいに」では困るわけである。あるフランス語の雑誌を読んでいたら、海外からの観光客の誘致を急ぐ某国の都市整備を紹介する記事に《Nous reverrons plusieurs autres monuments dans d'autres villes restaurés *à la va-comme-je-te-pousse.*》「われわれは他の都会でもその他の記念建造物がぞんざいに修復されているのを目にすることであろう」と書かれている個所に出会った。この成句は NPR では動詞 pousser のくだけた熟語として挙げられているが、DFC では《va-comme-je-te-pousse (à la)》が独立した見出し語になっている。後者には《Ses enfants sont élevés *à la va-comme-je-te-pousse.*》(= sont livrés à eux-mêmes). という例も引かれている。子供をぞんざいに育てるとはいわないだろうから、こちらは「子供たちは自由放任主義で育てられる」くらいの意になるであろう。ちなみにどの辞書も同意語として《à la diable》を挙げている。

Leçon 17. 文型［比較(2)］(plus de/moins de ＋名詞)

> タクシー運転手は他のドライバーよりも難なく狭い路地をすり抜ける。
> Le chauffeur de taxi a **moins de** mal **que** les autres conducteurs à se faufiler dans une rue étroite.

問題：［関連語句］と［ヒント］を参考にして次の日本文を仏訳しなさい。

1) この町は隣りの町よりも住民が多い。
2) この列車には他の列車よりも多くの車両がついている。
3) 富士山はマッターホルン（4478m）ほど高度がない。
4) 病人は他の患者よりも入念に治療された。
5) 自然は人工庭園よりも多くの魅力がある。
6) 一般的には都会人は農民よりもはるかに子供の数は少ない。
7) 安心なさい。彼の発表はあなたの発表ほど重みはなかったよ。
8) 彼の論文がその他の論文より重要だとはだれも思わない。
9) 日本人観光客はTGV［フランスの新幹線］で思ったよりも時間をかけないでMarseilleに到着した。
10) 小型ヘリコプターは思ったよりもはるかに多くの旅行者を搬送した。

(解答例　p.110.)

[関連語句]　「住民」habitant(名・男)，「車両」wagon/voiture(名・男/女)，「富士山」Mont Fuji(名・男)，「マッターホルン」mont Cervin(名・男)，「高度」altitude(名・女)，「病人＝患者」malade(名・男/女)，「人工庭園」jardin artificiel(名・男)，「魅力」charme(名・男)，「都会人」citadin(名・男)，「農民」paysan,ne(名・男/女)，「発表」intervention(名・女)，「重み」poids(名・男)，「論文」thèse(名・女)，「TGV＝train à grande vitesse[フランスの新幹線]」(名・男)，「ヘリコプター」hélicoptère(名・男)。

[解説とヒント]　[かこみ文]に使われた常用句《avoir du mal à ＋不定詞》は「…に骨が折れる」の意。Cf.《Il *a du mal à* travailler le soir.》(DFC). [彼は夜間に仕事をするのが辛い]。

1) 「住民が多い」＝「より多くの住民をもつ」と考える。
2) 1)と同様に「車両がついている」＝より多くの車両をもつ」。
3) 富士山を主語にするとLe Mont Fuji a *moins d'*altitude...と続けられる。
4) 「入念に」avec soin/soigneusement. 第一部Leçon 2.のヒントのように能動態で書けばOn a soigné le malade.となる。
5) 自然を主語にすれば、La nature possède/a *qch.*で書きだせる。
6) 「一般に」en général＝généralement.「はるかに子供の数は少ない」＝「子供をはるかにより少なくもつ」avoir beaucoup *moins d'*enfants。
7) 「安心なさい」代名動詞 se rassurer の命令形。「重みがある」avoir du poids が慣用語句。

8)「重要である」important,e(形・男/女)でもよいが、avoir de l'importance も可。
9)「時間をかけないで」*en moins de* temps の後の従属節の時制は大過去を用いるので要注意。
10)「搬送する」動詞は transporter の出番。

[Pause-café(2)]

問題6) の en général = généralement の反対語は？　普通 particulièrement「特別に」が対応する。ouvertement/publiquement「公然と」の反対語は secrètement/en cachette(NPR)「秘かに/こっそり」である。では oralement「口頭で」の反対の副詞は？　ここは機械的にいかないケースで *par écrit*「筆記で」がそれにあたるだろう。*Cf.* ⟪Il s'exprime mieux *oralement* que *par écrit.*⟫(NPR).〔彼は書くよりも話すほうがうまい〕。

Leçon 18. 文型(autant de/tant de ＋名詞 que...)

> 寄港地が多かったので譲二は飛行機を待つ合間に妻に電話をかける時間さえなかった。
> Jôji a fait **tant d**'escales **qu**'il n'a pas même eu le temps de téléphoner à sa femme entre deux avions.

問題：[関連語句]と[ヒント]を参考にして次の日本文を仏訳しなさい。

1) 娘は叔母に劣らないほどの感受性に恵まれている。
2) 若い教師は学生と同じくらいばかなことを言った。
3) 息子は従兄弟と同じくらい勇気があった。
4) ここでは一昨日と同じくらい霧がたちこめていた。
5) 億万長者の女性は宝石を沢山もっていてどこへ隠してよいのかわからない。
6) 馬は多くの障害[物]を越えねばならなかったので、相当くたばっていた。
7) まだやり遂げるべき多くの仕事が残っているのでビジネスマンは予定のとおり帰宅できない。
8) おいしそうな料理が沢山あったので招待客はどれから食べ始めてよいかわからなかった。
9) 路面はたいそう凍っていたのでドライバーは予定どおり出発できなかった。
10) 彼の新しい論文には抽象的表現があまりにも多かったので外国人にはさっぱり理解出来なかった。

(解答例　p.111.)

[**関連語句**] 「感受性」sensibilité(名・女),「ばかなこと」bêtise(名・女),「勇気」courage(名・男),「霧」brouillard(名・男),「億万長者」milliardaire(名・男/女),「宝石」bijou,x(名・男単/複),「馬」cheval,aux(名・男単/複),「障害[物]」haie(名・女),「ビジネスマン」homme d'affaires(名・男),「料理」plat(名・男),「招待客」invité,e(名・男/女),「路面」=「道路の上」route(名・女),「論文」article(名・男),「抽象的表現」expression abstraite(名・女),「外国人」étranger,ère(名・男/女)。

[**解説とヒント**] autant de は同等比較の aussi ＋形/副 que に名詞を伴った場合に用いる。同じような使い方はtant de ＋名詞にもあるが、こちらのうまみはtellement...queのように従属節 tant de ＋名詞 que... を続けることができる点にある。
問題 1)〜4)を autant de に、5)〜10)を tant de の問題として配列してみた。

1) 「感受性に恵まれている」autant de... がつかなければ avoir *de la* sensibilité と部分冠詞が必要。
2) 「ばかなこと」bêtise(s) は加算名詞だからここは複数がよい。
3) 「勇気がある」1)と同じで、autant de... がなければ avoir *du* courage.
4) 「霧がたちこめる」=「霧がある」Il y a du brouillard. を参考に。
5) 「どこへ隠してよいかわからない」ne pas savoir où cacher *qch.* という便利な表現を利用。
6) 「越える」他動詞 sauter の出番。「相当にくたばる」=「疲労/眠気で死にそうである」être mort de fatigue/de sommeil が決まり文句。

7)「やりとげるべき仕事がある」Il y a une tâche à faire. を参考。
8)「おいしそうな」は délicieux, se でもよいが、appétissant, e のほうがフランス語らしい。「どれから食べ始めてよいかわからない」5)の表現を再活用できる。
9)「路面はたいそう凍っている」=「路面には多くの雨氷がある」《Il y a tant de verglas（名・男）sur la route.》と考える。
10)「さっぱり理解できない」n'y rien comprendre が慣用語句。

[Pause-café(3)]

この課では［かこみ文］で使われた「飛行機を待つ合間」*entre deux* avions にこだわってみたい。ここの数字2（deux）を強いて訳す必要はないようで、たとえば成句 recevoir *qn. entre deux* portes (NPR)ではドアーの開閉の合間を指していようから、日本語ではさしずめ「玄関だけでだれかに応対する」にあたるだろう。ちなみに *entre deux* vins は「ほろ酔い加減で」の意の成句。

ついこの間、Maupassant(1850-1893)の晩年の作品を読み返していたら、こんな個所を見つけた。《Je m'y baignerais à tout moment, *entre deux* pipes, *deux* rêves ou *deux* baisers.》

y は un large bassin de marbre を指すから引用文を「わたしはパイプをくゆらせたり、夢をみたりする合間や抱擁を交す合間にも絶えずその中で水浴びをすることだろう」と解しておこう。

Leçon 19. 文型[最上級](Rien n'est plus beau que...)

> 学生にとって学業とアルバイトの二足の草鞋(わらじ)をはくほどむつかしいものはない。
> **Rien n**'est **plus** difficile pour l'étudiant **que** de mener de front études et petit boulot.

問題：[関連語句]と[ヒント]を参考にして次の日本文を仏訳しなさい。

1) これはわたしがこれまでに見たシュール[レアリズム]の最良の絵だ。
2) 日本では富士山がもっとも高い山である。
3) この学校はフランスで名門校のひとつである。
4) 犬は人間にもっとも忠実な動物だ。
5) 現在まで、あなたの息子はクラスでもっともできの悪い生徒です。
6) ここから見える夕日ほど美しいものはありません。
7) ちびっこたちが野球をするのを見るくらい彼を喜ばせるものはない。
8) パリの地下墓地を見物する以上に印象的なものはない。
9) もしも今晩なにもすることがなければ、ぼくらのところへ来いよ。
10) 今日の午後は皇居を見物するほかにこれといってすることがない。

(解答例　p.112.)

[**関連語句**] ［シュールの絵］tableau surréaliste（名・男），「山」montagne（名・女），「名門校」école la plus réputée/élevée（名・女），「犬」chien（名・男），「夕日」coucher du soleil（名・男），「ちびっこたち」petits（名・男複），「地下墓地」catacombes（名・男複），「皇居」palais impérial（名・男）。

[**解説とヒント**] ［かこみ文］では「学業とアルバイト」は無冠詞で使われている。このように関連語が並列される時には無冠詞になることが多い。*Cf.*「男と女」*hommes et femmes.* なお、フランス語では「［アル］バイト」にあたる語として petit boulot（名・男）が定着した。*Cf.*「彼はバイトをみつけた」《Il a trouvé un *petit boulot.*》(NPR).

1) 「これまで見た［絵］」は関係代名詞［以下、関代と略記］を用いて que j'aie jamais vu. がよいが最上級に注意。なお、ここの jamais は否定語ではない。
2) 「もっとも高い山」形容詞「高い」には haut, e/élevé, e のどちらも使える。
3) 「...のひとつである」女性名詞の場合は l'une de... と一致させる。
4) 「忠実な」fidèle à *qn./qch.* 前置詞に要注意。
5) 「できの悪い生徒」劣等比較級 moins の出番。
6) 「...ほど美しいものはない」Rien n'est plus + 形/副 que... と書けば最上級。
7) ここも 6) と同じ構文でさばける。「...を喜ばせる」plaire à *qn.* の出番。
8) この文も 6) と 7) の構文を使えばよい。「印象的」impressionnant, e が定番。

9) 10)にも応用できるが、「[格別に]なにもすることがない」n'avoir rien de mieux à faire が慣用語句。「ぼくのところ[うち]に来い」=「ぼくらの仲間に加わる」être des nôtres という気の利いた表現を利用したい。

[Pause-café(4)]
「二足の草鞋(わらじ)を履く」はふたつのことを同時にこなすの意だから、[かこみ文]では、成句 mener *qch.* et *qch. de front* を使ってみた。同じ de front だが、attaquer *de front* l'ennemi は「敵を正面から攻撃する」の意になるし、mener/faire marcher *de front* plusieurs choses(NPR)と使うと「いくつものことを同時にする」の別の用法になるので要注意。

なん年か前の *Le Monde* 記事では《Les étudiants sont nombreux à mener *de front* études et activités professionnelles.》「学業と職業活動の二足の草鞋を履く学生が多くなっている」とあった。当該記事では、《Ils vivent *à califourchon* entre l'université et la vie professionnelle.》とも書かれていたから、後者 à califourchon[馬乗りに] も適宜活用するとワンパターンが避けられよう。

Leçon 20. 文型［比例/反比例］(plus..., plus...)

> 教室が暗くなるだけ、それだけ余計カラースライドがよく見える。
> **Moins** la salle de classe est éclairée, **mieux** on voit des diapositives en couleur.

問題：［関連語句］と［ヒント］を参考にして次の日本文を仏訳しなさい。

1) 金持ちになるだけ、それだけけちになる。
2) 稼げば稼ぐだけ、税金がふえる。
3) 読まなければそれだけわたしは読みたい気がしなくなる。
4) 君が学校へ来なくなるだけ、級友は少なくなる。
5) 友達が多ければ多いだけ、夕べ［の集い］は陽気になる。
6) 寒ければ寒いだけ、暖房した部屋が必要になる。
7) 町の中心部から遠くに住むだけ、家賃は安くなる。
8) 従業員が若ければ若いだけ、住いは職場から遠くなる。
9) 濃霧になるだけ、余計に富士山は見えなくなる。
10) 老婆が哀しい話を物語ったとしたら、それだけ余計にちびっ子たちは他の話を知りたくなるだろう。

(解答例 p.113.)

［**関連語句**］ 「けち」radin(名・男),「税金」impôts(名・男複),「級友」camarade(名・男/女),「夕べ［の集い］」soirée(名・女),「暖房した部屋」salle chauffée(名・女),「従業員」employé,e(名・男/女),「住い」foyer(名・男),「職場」lieu,x de travail(名・男),「霧」brouillard(名・

男),「哀しい話」histoire triste(名・女)。

[**解説とヒント**]　plus..., plus や moins..., moins 等の定番の他に、autant..., autant... という同等比例も用いられる。*Cf.* 《*Autant* le jazz lui plaît, *autant* la musique japonaise lui déplaît.》「彼はジャズが好きなだけ、それだけ邦楽を毛嫌いしている。」

1) ここは plus..., plus... の定番。
2) 1)と同様にここも定番。「税金がふえる」自動詞augmenterの出番。
3) 「... したい」avoir envie de ＋不定詞がフランス語らしい言い方。
4) ここはmoins..., moins... の登場。「学校へ来る」venir en classe でよい。
5) 「友達が多くなる」形容詞nombreux, se(男/女)を活用したい。
6) 「必要になる」avoir besoin de *qch.* の出番。
7) 「家賃は安くなる」plus..., moins...を活用したい例文である。
8) ここも plus..., plus... の定型ですむ。
9) 7)と同じで plus..., moins... を使ってみよう。
10) ここも定番のplus..., plus...でよいが、現実を述べているのではないことに要注意(条件法現在の出番)。

[**Pause-café(5)**]
Jules Verne(1828-1905)の小説を読んでいたら、autant..., autant... の実例をみつけた。《*Autant* le temps leur semblait

court, *autant* il semblait long aux autres, confinés dans leurs inconfortables demeures.》leur は二人の登場人物を指すから、「両人にとって時間は短いように思われるのと同じくらいだけ、居心地の悪い住いに閉じ込められている他の者にとっては時間がそれだけ長いように思われた。」と試訳をつけておく。

Leçon 21. 文型(assez/trop＋形/副 pour que＋接続法)

> その一言で先生は怒り心頭に発するのに十分だった。
> Ce seul mot suffisait **pour que** notre professeur **se mette** très en colère.

問題：[関連語句] と [ヒント] を参考にして次の日本文を仏訳しなさい。

1) 再出発できるほどわれわれの食料は十分にある。
2) 一年間両親と別れるほど彼女の決意はまだかたまっていない。
3) 足が楽にはいるように大きめの靴下をえらびなさい。
4) フランスでのホームステイはかなり長期なので誰もがフランス語をきちんと学べるでしょう。
5) 学生の説明は上級のレベルに進めるほど明晰だった。
6) 時期尚早で誰が試合に勝つかをいうことはできません。
7) この文芸評論家はあまりに主観的すぎてその著書を参考文献にできない。
8) あまりに濃霧すぎて、ドライバーは2メートル先も見えないほどだった。
9) 父の姿はいまも私の脳裏に鮮やかに生きているので、その一言一言は消えていくことはない。
10) 両国間の時差は開きすぎていて、生活のリズムは正常にもどれないのだ。

(解答例　p.114.)

[**関連語句**] 「食料」provisions(名・女複),「決意」volonté(名・女),「靴下」chaussettes(名・女複),「ホームステイ」séjour en famille [d'accueil](名・男),「[上級の]レベル」niveau[plus élevé](名・男),「試合」match(名・男),「文芸評論家」critique littéraire(名・男),「参考文献」livre/ouvrage de référence(名・男),「濃霧」=「霧が濃い」brouillard(名・男),「ドライバー」conducteur(名・男),「姿」image(名・女),「脳裏」esprit(名・男),「一言一言」=「言葉」propos(名・男複),「時差」décalage horaire(名・男 NPR)。

[**解説とヒント**] 第一部 Leçon 3. で説明した(pp.8 - 10)ように、assez...pour..., trop...pour... は姉妹関係にあるので、以下の問題文にはどちらを用いることもできる。ただ一応の目安として、1)〜5)までを assez...pour..., 6)〜10)までを trop...pour... の練習用に配列してみた。なお、どの問題文も別の構文でも処理できるのはいうまでもないことである。

1) 「[再]出発する」se [re]mettre en route が成句。
2) 「決意はかたい」この文意では形容詞 ferme がぴったり。
3) 「足が楽にはいる」=「足がそこで楽になる」と考えれば、y être à l'aise が使える。
4) 「かなり長期なので」=「... するほど十分長い」Le séjour en famille est assez long pour... と考える。「... をきちんと学ぶ」apprendre *qch.* correctement.
5) 「... へ進む」動詞 avancer で表せよう。
6) 「時期尚早である」Il est encore trop tôt pour... が定番。
7) 「あまりに主観的すぎ」形容詞は subjectif, ve(男/女)。
8) 「2メートル先も見える」voir à deux mètres。
9) 「脳裏に鮮やかに生きている」être présent,e à *son* esprit

が慣用語句。
10)「正常に戻る」=「正常になる」でここは redevenir normal でよいが、「常態に戻る」revenir à la normale という熟語もある。

[Pause-café(6)]

問題9)で取り上げた表現をめぐって個人的思い出を記しておきたい。学生時代からかじっている Diderot(1713-1784)に珠玉の短編『ある父親と子供たちとの対話』*Entretien d'un père avec ses enfants* がある。その冒頭に似通った文が含まれるのでやや古いフランス語で綴られているのを承知で参考までに引用しておきたい。

生涯、父親に敬愛の情をいだき続けた Diderot はこの作品の冒頭(一部省略)をこのように書いている(il は Diderot の父を指す)。《Lorsqu'on sut qu'il approchait de sa fin, toute la ville fut attristée. *Son image sera toujours présente à ma mémoire;* il me semble que je le vois dans son fauteuil à bras[...]. Il me semble que je l'entends encore.》「父の最期が近いのを知ると、町の住民はこぞって悲しんだ。父の姿はわたしの記憶にいつまでも鮮やかに生き残るであろう。わたしには肘掛椅子に座る父が目に見えるようだし、その声はいまも聞こえてくるようだ。」

Leçon 22. 文型(assez de ＋名詞 pour que ＋接続法)

> 女の子はすごい早さで駆けつけたのでだれも本当に病気だとは思わなかった。
> La petite fille est accourue avec **trop de** vitesse **pour qu**'on la croie vraiment malade.

問題：［関連語句］と［ヒント］を参考にして次の日本文を仏訳しなさい。

1) このワンルーム・マンションにはSylvieが冷蔵庫を備えつけるほど十分な余地はない。
2) 君の家の庭には若い男女がテニスをするくらいのスペースがあるの。
3) 彼の郊外の一戸建て住宅は部屋がありあまるほどあって、学友たちがすべて個室にはいれるくらいだ。
4) ドライバーはガソリンを十分いれなかったので車は首都まで行けなかった。
5) このオフィスには採光が不足していてわれわれがこの小さな数字を読むことはできなかった。
6) 女子学生は嘘をつきすぎたのでだれも彼女のいうことを信じなかった。
7) この檻の中には子犬が詰めこまれすぎていてどれがどれだか判別できなかった。
8) その日、Gros氏の小切手帳には残高がほとんどなくて妻は小切手でドレスの支払はできなかった。
9) そのマンションにはスペースがありすぎて四五人の家政婦

でも一日ですべての部屋を掃除できない。
10) 彼は自分の決心をほとんど重視していなかったので、妻に伝えるのが有益だとまでは思わなかった。

(解答例　p.115.)

[**関連語句**]　「ワンルーム・マンション」studio(名・男)，「冷蔵庫」réfrigérateur/frigo(名・男)，「スペース」espace(名・男)，「若い男女」jeune couple(名・男)，「[郊外の]一戸建て住宅」pavillon [de banlieue](名・男)，「部屋」pièce(名・女)，「個室」chambre individuelle(名・女)，「ドライバー」automobiliste(名・男/女)，「ガソリン」essence(名・女)，「オフィス」bureau(名・男)，「[採]光」lumière(名・女)，「数字」chiffre(名・男)，「檻」cage(名・女)，「小切手帳」chéquier(名・男)，「残高」provision(名・女)，「ドレス」robe(名・女)，「マンション」appartement(名・男)，「家政婦」femme de ménage(名・女)，「決心」décision(名・女)。

[**解説とヒント**]　Leçon 21.と異なる点は、前課では構文assez/trop + 形/副 pour... のかわりに de + 名詞がくることである。
1) 「十分な余地」assez de place の出番。
2) 「テニスをする」jouer au tennis が成句。「... くらいのスペース」assez d'espace を使いたい。
3) 「ありあまるほどの部屋」assez のヴァリエーションで suffisamment de... の登場。「個室にはいれる」「はいれる」にこだわらずにêtre en chambre individuelleでよかろう。
4) 「ガソリンを十分いれない」ne pas mettre assez d'essence となる。
5) 「採光が不足する」=「光が十分にない」Il n'y a pas

suffisamment de lumière と考えたい。
6)「彼女のいうことを信じる」On la croit. だが従属節に用いるので要注意。
7)「どれがどれだか判別する」動詞 distinguer の出番。
8)「...を小切手［クレジット・カード］で支払う」payer/régler *qch.* par chèque [par carte de crédit] が定番。
9)「スペースがありすぎる」マンションを主語にすると L'appartement a/possède trop d'espace... となるだろう。「一日で」*en* une journée が定番。
10)「ほとんど重視していない」attacher trop peu d'importance à *qch.* が決まった言い回し。「...するのが有益であると思う」juger utile de + 不定詞。なお、この構文については第一部 Leçon 12. で取り上げたので、詳しくは pp.35 - 37 を参照。

[Pause-café(7)]

問題 3)で取り上げた「一戸建て住宅」は maison individuelle ともいうが、このごろ新聞雑誌ではその意味で pavillon をよくみかけるようになった。普通は万博等の「パビリオン」の意でも使われる単語であるのはだれでも知っていよう。

フランスでもこのような pavillon を現金で買える若い人はすくないらしく、しばしば提携ローンがくまれることが多いようだ。その際に必要になる「自己資金」をフランス語でなんというだろうか。やや古い雑誌記事（*Le Point*）のバックナンバーを読んでいたら *apport personnel*（名・男）と出ていた。ちなみに「提携ローン」は *prêts conventionnés*（名・男）とあった。

Leçon 23. 文型〔仮主語〕(Il est vrai que...)

> 彼にはあらかじめそうと言っておくほうが賢明だ。
> **Il est plus prudent qu'**on le lui dise à l'avance.

問題：［関連語句］と［ヒント］を参考にして次の日本文を仏訳しなさい。

1) その点についてトシ子が間違っているのははっきりしている。
2) 人生にはそのような事柄がおこるのは本当だ。
3) すべての市民が法にまもられているのは明白だ。
4) このすぐれたサッカーの選手がイエローカードをうけたのはいうまでもない。
5) 先生は少々風邪ぎみのようだ。
6) 君たちがこの種の仕事を明日までにしおえることは必要である。
7) このクラブの責任者は全員一致で選ばれるのはしごく当然のことだ。
8) 君が異議申立人の意見に与するとは面食らわせるよ。
9) われわれは貴女の便りをこれほど遅れていただいたとは驚きだ。
10) こちらの候補者がライバルより人気が高いのは誰の目にも明らかだった。

（解答例　p.116.）

[関連語句]　「[その]点[について]」point(名・男)，「市民」citoyen(名・男)，「法[律]」loi(名・女)，「サッカーの選手」footballeur(名・男)，「イエローカード」carton jaune(名・男)，「責任者」responsable(名・男/女)，「異議申立人」opposant,e(名・男/女)，「便り」nouvelle(名・女複)，「候補者」candidat,e(名・男/女)，「人気[が高い]」=「世論調査による指数[がよい]」cote de popularité(名・女)。

[解説とヒント]　主文が明白な事実を表す場合には従属節の動詞は直説法になる。この課の問題では1)～4)の従属節に直説法動詞、5)～9)の従属節に接続法の動詞を配してみた。

1) 「...がまちがっている/正しい」avoir tort/avoir raison が決まり文句。
2) 「...がおこる」動詞arriverの出番。従って非人称構文の使用も可。
3) 「...にまもられている」être protégé, e がよいだろう。
4) 「...をうける」簡単に recevoir でよい。
5) 「風邪ぎみである」être enrhumé, e が定番。主文に不確定な要素がふくまれていることに注意。
6) Il est nécesaire que の後の従属節は必ず接続法となる。
7) 6)と同じで、いつも全員一致で選ばれるとは限らないと考える。
8) 「面食らう」になにを充てるかには面食らう(?)かもしれないが、形容詞 paradoxal を用いてよかろう。
9) 「便りをもらう」avoir /recevoir de *ses* nouvelles が成句。
10) 従属節（の内容）は「誰にもわからないわけではない」Il n'échappe à personne que...という非人称構文を利用してみたい。

[**Pause-café**(8)]

本課の問題9）では成句「便りをもらう」recevoir de *ses* nouvelles を学んだが、実はこの nouvelles という単語は曲者だ。René Tavernierの長編を読んでいたら、次のような個所に出くわした。《Naturellement, ne manquez pas de faire un tour en banlieue, vous *m'en direz des nouvelles.*》Vous m'en direz des nouvelles = vous m'en direz sûrement du bien, vous m'en ferez compliments(NPR)と仏仏辞典の説明にあるように、普通はすすめられた料理や飲み物について「きっと気に入っていただけますよ」くらいの意の成句だ。ところが引用の個所は場所について用いられているわけだから、食べ物、飲み物以外にも利用できると考えてよいようだ。

ちなみに引用個所は「もちろん、郊外もかならず一回りなさってください。きっとお気に召しますよ」の意となろう。

Leçon 24. 文型(si/tellement＋形/副 que...)

> 現在のガソリンの消費量は多量にのぼるのでこれから一世紀後に地上に石油があるかどうかだれにもわからない。
> La consommation actuelle d'essence est **si** importante **que** personne ne sait s'il restera encore du pétrole sur la terre d'ici un siècle.

問題：[関連語句]と[ヒント]を参考にして次の日本文を仏訳しなさい。

1) 雨は相当に強く降っていたので、良子は傘をあけることもできなかった。
2) 赤ん坊はよく眠っていたのでこの大きな音でも目を覚まさなかった。
3) 同僚は歌がうますぎてわたしには彼と一緒に同じ曲をうたうのは無理だった。
4) 私達のマンションは大きすぎてその全体を暖房するのはむつかしい。
5) 女優は散財しすぎていたので、引退時には破産した。
6) わたしはとても静かに近づいたので娘にはなにも聞こえなかった。
7) 若い女性があまりにばか笑いをしだしたので、先生は、「うるさい」と言わざるえなかった。
8) 家内が妙にわたしを虚仮(こけ)にするので先ほどと同じへまをやりはじめたことに気付いた。

9) 男の子はあまりにも人気のない村を歩み始めたので怖くなってしまった。
10) 若い頃の写真を見ながら、独身者はあまりにもはげしく笑ったので、部屋の家具がすべて揺れていた。

(解答例　p.117.)

[**関連語句**]　「傘」parapluie(名・男), 「赤ん坊」bébé(名・男), 「大きな音」grand bruit(名・男), 「同僚」collègue/camarade(名・男/女), 「曲」mélodie(名・女), 「女優」comédienne/actrice(名・女), 「引退」retraite(名・女), 「静かに」=「音をたてずに」doucement(副), 「ばか[笑いをする]」stupidement(副), 「妙に」d'une façon drôle = drôlement(副), 「へま」bêtise/sottise(名・女), 「男の子」jeune garçon(名・男), 「若いころの写真」photo de jeunesse(名・女), 「独身者」célibataire(名・男/女), 「家具」meuble(名・男)。

[**解説とヒント**]　[かこみ文]にあるように、形容詞important,eは「数量などが大きい」の意で用いられることがあるので要注意。ある仏和辞典によれば、important, considérable, énormeの順で意味が強くなると説明されている。

1) 「雨が強く降る」《Il pleut fort/bien fort.》(REUM). が定番だが、La pluie tombe fortement. も可。
2) 第一部Leçon 2.の[ヒント]のように、後半を能動態で書けば、Le grand bruit n'a pas réveillé le bébé. となろう。
3) 「無理である」第一部 Leçon 14. で練習した構文 Il est difficile de ＋不定詞の出番。
4) 3)と同じ構文が使えるが、「その全体を暖房する」...de le chauffer tout entier. で表現できる。

5)「破産する」être ruiné,e が決まった言い方。
6)「... に近づく」代名動詞 s'approcher de *qn./qch.* の出番。
7)「うるさい」=「もうたくさんだ」と解し、《Ça suffit.》に登場してもらおう。
8)「虚仮にする」=「ばかにする」代名動詞 se moquer de *qn.* の出番。
9)「... 始める」commencer à + 不定詞が定番だが、他に se mettre à + 不定詞も使える。
10)「... を見ながら」第一部 Leçon 8. で練習した Gérondif (pp.23-25)で表現してみよう。

[Pause-café(9)]

問題 8) では夫がどんなへまをしでかしたかは不明だが、男性がよくやるへまに、いわゆる「社会の窓があいている」=[いわゆる M ボタンを閉め忘れる] という失敗がある。

フランス語にもこれにあたる表現があるだろうと, 前から探していた。アカデミー会員で、現代作家 Jean Dutour(1920-)のある小説を読んでいたら、こんな個所を見つけた。《...je baissais les yeux, [...], comme on évite de regarder un homme *ayant oublié de boutonner sa braguette.*》「だれでも社会の窓があいた男を見るのを避けるように、私は眼を伏せていた。」

Leçon 25. 文型（d'autant plus＋形/副 que...）

> 冬が9カ月もつづくので、ケベックの人たちはブルーベリーの季節を首を長くして待っている。
> Les Québécois attendent la saison des bleuets avec **d'autant plus** d'impatience **que** l'hiver y dure neuf mois.

問題：［関連語句］と［ヒント］を参考にして次の日本文を仏訳しなさい。

1) 歴史は繰り返すのでこのことはなおのこと本当である。
2) 交差点には信号［機］がないのでなおさら危険だ。
3) 彼の留守電が順調にうごいているかどうかわからないだけになおさら早くファクスを送信しなさい。
4) この商品は真空パックになっているのでそれだけ保存がよいでしょう。
5) Blaise Pascal のテクストは先生が見事な説明をつけてくれるので一層よく理解できるのです。
6) サッカーチームは各々の選手が個人プレーをしていたのでそれだけに期待された成績は得られなかった。
7) 北のこの小さな島では春の訪れが遅いので、それだけ春の回帰が待ちどおしい。
8) 北海道では冬が長いだけ夏の祭典の到来を喜々として待っている。
9) フランス人は四週間以上の有給休暇をとるので次の休暇を一層の関心をもって待っています。
10) この大臣が失言をくりかえしていたので日本の国民は一層

注意深くその一語一語を待っている。　（解答例　p.118.）

[関連語句]　「歴史」histoire（名・女），「交差点」carrefour（名・男），「信号［機］」feux（名・男複），「留守電」répondeur（名・男），「ファクス」télécopie/fax（名・女/男），「真空パック［された］」[être]emballé sous vide，「説明」explication（名・女），「サッカーチーム」équipe de foot[ball]（名・女），「個人プレー」=「個人的にプレーをする」jouer individuellement，「成績」=「結果」résultat（名・男），「春の訪れが遅い」=「春が遅く到来する」le printemps arrive tardivement，「回帰」retour（名・男），「夏の祭典」festival d'été（名・男），「有給休暇」congé payé（名・男），「関心をもって」avec intérêt，「大臣」ministre（名・男），「失言」dérapages verbaux（名・男複），「日本の国民」public japonais（名・男）。

[解説とヒント]　[かこみ文]で使ってみたbleuet（名・男）はquébécois［カナダのフランス語］で表記の意味になる。フランスでは植物の「ヤグルマギク」を意味し、「ブルーベリー」はune myrtilleというので要注意。

1) 日本語では「歴史は繰り返す」というが、「歴史は繰り返される」が正しい。
2) 「なおさら危険である」C'est d'autant plus dangereux... ではじめるとよい。
3) 「留守電が順調にうごく」son répondeur marche bien の出番。
4) 「保存がよい」=「... がよく保存される」se conserver bien と考える。
5) 「... について見事な説明をする」faire une brillante explication de *qch*.
6) 「期待された成績を得る」obtenir le résultat attenduで表

せる。
7)「待ちどおしい」=「...をじりじりして待つ」attendre *qch.* avec impatience.
8)「喜々として待つ」attendre *qch.* avec joie. で表現できよう。
9)「有給休暇がとれる」=「有給休暇を請求する資格がある」avoir droit à *qch.* ときちんと表現したい。
10)「失言をくりかえしている」=「いくつもの失言をする」faire plusieurs dérapages verbaux. と考える。

[Pause-café(10)]

この課では問題3)の「留守電」にこだわってみたい。「田中さんに電話をしてみたけど留守電になっていたので、メッセージを残しておいたよ。」

よく耳にする若い人たちの会話の一部としておこう。ここで取り上げたいのは「留守電になっていた」をフランス語でどういいえばよいだろうか。《J'ai eu *le répondeur*.》か、《Je suis tombé sur *le répondeur*.》が標準的な言い回しになる。ちなみに、日本語ではいろいろなヴァリエーションがあるようだが、要は「ピィッという音が聞こえたらメッセージを入れて下さい。こちらから電話をいたします。ファクスの方はスタートボタンを押してください」という趣旨のフランス語版(標準的なもの)は次のようになる。

《Bonjour. Je ne peux pas répondre à votre appel pour l'instant, mais si vous me laissez un message après le bip sonore, je vous rappellerai dès que possible. Si vous souhaitez envoyer une télécopie, appuyer sur la touche Départ de votre télécopieur après avoir laissé votre message. Merci.》

Leçon 26. 文型(pour que/afin que ＋接続法)

> このテクストのアウトラインを忘れないうちにフロッピーに入れておいてくれよ。
> **Afin qu'**on n'oublie pas les grandes lignes de ce texte, tu les mettras sur disquette.

問題：[関連語句] と [ヒント] を参考にして次の日本文を仏訳しなさい。

1) 新年がご多幸とご成功をもたらすように父はパリの弟に祝辞を送ります。
2) 息子が毎朝7時に目を覚ますように母はドアーをノックしなければならない。
3) わたしはパソコンを修理してもらうために電気屋へもっていくつもりだ。
4) 管理人が誰にもなにも言わないようにわたしは心付けをたっぷりはずまねばならなかった。
5) われわれが懇親会に時間どおりに着けるように同僚がメール[でメッセージ]を送ってくれた。
6) わが家の犬が吠えないようにするには食べ物を与えればよい。
7) 下宿屋の女主人は下宿人が好きな時に家にはいれるように鍵をくれる。
8) 学生が新鮮な空気を吸い込むようにと先生は教室の窓すべてを開けさせた。
9) 秘書の迷惑にならないように、課長はオフィスに入る前に

携帯電話[の電源]をきった。
10）姉とわたしは招待客たちが食卓につく前に退屈をしないようにピアノを弾いて楽しんだものだった。

(解答例　p.119.)

[**関連語句**]　「ご多幸とご成功」bonheur et succès(この冠詞の省略についてはp.58を参照されたい),「ドアー」porte(名・女),「パソコン」micro-ordinateur(名・男),「電気屋」électricien(名・男),「管理人」gardien,ne/concierge(名・男/女),「心付け」=「チップ」pourboire(名・男),「懇親会」réunion amicale(名・女),「メール[で]」=「イー・メール[で]」par e-mail,「下宿屋の[女]主人」logeur,se(名・男/女),「下宿人」locataire(名・男/女),「鍵」clef＝clé(名・女),「新鮮な空気」air frais(名・男),「秘書」secrétaire(名・男/女),「課長」directeur(名・男),「携帯電話」portable/téléphone mobile (名・男),「招待客」invité,e(名・男/女)。

[**解説とヒント**]　pour que/afin que...を用いなければならない構文は主文と従属節の主語が異なる場合で、両者の主語が同じであればpour/afin de＋不定詞の単文ですむ。*Cf.*《Je vais mettre sur disquette les grandes lignes de ce texte pour ne pas les oublier.》「このテクストのアウトラインを忘れないためにぼくはフロッピーに入れておくよ」。

1）「...に祝辞を送る」envoyer ses meilleurs vœux à *qn.* が決まり文句。
2）「目を覚ます」代名動詞 se réveiller の出番。
3）「修理する」他動詞 réparer が定番。
4）「心付けをたっぷりはずむ」　donner *qn.* un bon pour-

boire で表せる。
5)「時間どおりに着く」arriver à l'heure が熟語。
6)「... に食べ物［えさ］をあたえる」donner à manger à *qn.* がよく使う言い方。
7)「［彼女の家に］好きな時にはいれる」pouvoir entrer chez elle quand il veut. でクリアーできよう。
8)「開けさせた」faire ouvrir *qch.* 使役になることに要注意。
9)「迷惑になる」=「じゃまをする」déranger が定番動詞。「...［電源を］きる /［電源］をいれる」débrancher/brancher の出番。
10)「退屈しない」=「... を退屈させない」ne pas ennuyer *qn.* と考える。「...して楽しむ」代名動詞 s'amuser à + 不定詞が使えるだろう。

[Pause-café(11)]
第10課では「留守電」にこだわったので、ここでは［かこみ文］でもふれた「パソコン」の簡単な用語を紹介したい。まずe-mail は英語なので、フランス語では正式には courrier électronique といわねばならない。「スイッチのon/off ［ボタン］をおす」は appuyer sur la touche[le bouton] marche/arrêt、「...をフロッピーに入れる」は mettre *qch.* sur disquette が標準的な言い方である。以下、頻度のたかい語をリスト・アップしてみる。
「カーソル」curseur（名・男）、「キーボード」clavier（名・男）、「フロピードライブ」lecteur de disquettes（名・男）、「ワープロ」traitement de texte（名・男）、「プリンター」imprimante（名・女）等々。

Leçon 27. 文型(sans que ＋接続法)

> 事業主が別れの挨拶をするいとまもないうちに、出稼ぎ労働者はあわただしく離日した。
> Le migrant[étranger] a quitté le Japon précipitamment, **sans que** son patron ait même le temps de lui dire au revoir.

問題：[関連語句] と [ヒント] を参考にして次の日本文を仏訳しなさい。

1) 君に迷惑をかけないで、君を助けてあげよう。
2) 誰にも気づかれないで妹は外出した。
3) 兄は招かれていなければ、会合に行かないだろう。
4) 誰にも気づかれないで学生は教室に入ってきた。
5) 息子はわれわれがまったく知らないうちに運転免許を取得した。
6) 泥棒は誰にも見られないで、安全錠をこわした。
7) 妻には気づかれないで、夫はマンションの壁を塗り替えた。
8) これほどきれいな美術品を前にすると誰でもこっそりさわってみたくなる。
9) 若い女性が両親に電話をかけてこない日はない。
10) 新聞紙上でこの問題が話題にならないのは一週間とてないのだ。

(解答例　p.120.)

[関連語句]　「会合」réunion（名・女），「運転免許」permis de conduire（名・男），「泥棒」voleur/cambrioleur（名・男），「安全錠」verrou de sûreté（名・男），「壁」mur（名・男），「美術品」objet d'art（名・男），「若い女性」jeune fille/femme（名・女）。

[解説とヒント]　Leçon 26.でも解説したように、sans que...も主文と従属節の主語が異なる場合にのみ用いられる。ちなみに、地方から都会に出てくる「出稼ぎ労務者」の意では、《migrants ruraux employés [dans les villes]（名・男複）》という表現が正確であろう。

1) 「迷惑をかけない」=「じゃまをしない」ne pas déranger *qn.* の慣用動詞。
2) 「誰にも気づかれない」=「ひとは気づかない」代名動詞 s'apercevoir de *qch.* の出番。
3) 「招かれる」être invité で表せる。
4) 「誰にも気づかれない」日本語では1)と同じであるが、ここは「誰も彼[のはいってくる音]が聞こえない」と考える。
5) 「知らないうちに」従属節で savoir を使うと接続法になることに注意。*Cf.*《Le chat a disparu, *sans que* l'on *sache* pourquoi.》「理由は不明だが、猫は姿をけした。」
6) 「誰にも見られないで」sans que personne *ne l'*ait vu. 虚辞の ne と中性代名詞 le が必要。
7) 「壁を塗り替える」動詞 repeindre の出番。
8) 文全体を「...することなしに...することはできない」と考える。「... を前にする」se trouver en face de *qch.*、「こっそり」en cachette. で表せよう。
9) 「... ない日はない」非人称構文の登場で Il ne se passe pas

de jour, *sans que...* が決まった表現。
10) 9) と同じ構文ですむが、「一週間とてない」だから de semaine ではなく、une semaine と強調したい。なお、「新聞紙上で話題になる」=「ひとは...について新聞ではなす」On en parle dans les journaux. と考える。

[Pause-café(12)]
問題10) のように、毎日の新聞や週刊誌には映画俳優や芸能人のスキャンダル記事にこと欠かない。通勤の車中で「激白」という表現をよく見掛けるが、これをフランス語でどのように表現するのかいつも気にしながらあちらの新聞・週刊誌等を読むようにしてきた。

最近、くだけた言い方だが déballage (名・男) が「激白」にあたるのではないかと思うようになった。念のために NPR で確かめてみると、déballage = Aveu, confession sans retenu とあるから、たとえば、「性生活の激白」なら *déballages sexuels* と書いてよさそうだ。

Leçon 28. 文型 [譲歩] (quel [le] que ce soit)

> あなたの釈明がどのようなものであろうとも、われわれはあなたの行動にいたく失望した。
> **Quelles que soient** vos excuses, votre geste nous a vivement déçus.

問題：[関連語句] と [ヒント] を参考にして次の日本文を仏訳しなさい。

1) どんな天気でも、夫は今朝外出するでしょう。
2) どんなことがおころうとも、ある年齢からはいつも生命保険のことを頭にいれておくべきでしょう。
3) この会議の成功がどのようなものであれ、この国のぱっとしない役割は批判されるでしょう。
4) どのような形であれ、この国の外交は隣国との協調のもとに遂行されるべきであろう。
5) 哲学であれ、文学であれ、これほど分かりにくい語彙を乱発すべきではない。
6) たとえ落ち度が軽いものとはいえ、副操縦士は相当な罰金を支払わなければならない。
7) 同僚たちの精神的支持がどれほど強力なものとはいえ、若いサラリーマンは社長のうけがとても悪かった。
8) たとえ宣伝 [文句] がまやかしであれ、消費者はこの商品に常に惹かれるものだ。
9) たとえこの機械が便利なものであろうとも、アフターサービスがうけられるかどうかわからない。

10) その国の外交がどのような形態をとろうとも、大国とは独立したものであることをみんなが願うことだろう。

(解答例　p.121.)

[関連語句]「夫」mari/époux(名・男),「年齢」âge(名・男),「生命保険」assurance-vie(名・女),「会議」congrès(名・男),「ぱっとしない役割」rôle effacé(名・男),「外交」politique extérieure(名・女),「協調」collaboration/coopération(名・女),「語彙」vocabulaire(名・男),「落ち度」faute(名・女),「副操縦士」co-pilote(名・男),「罰金」amende(名・女),「精神的支持」soutien moral(名・男),「サラリーマン」salarié(名・男),「宣伝[文句]」publicité(名・女),「消費者」consommateur(名・男),「商品」produit(名・男),「機械」appareil/machine(名・男/女),「アフターサービス」service après-vente(名・男),「形態」forme(名・女),「大国」grande puissance(名・女)。

[解説とヒント]

[かこみ文]の「... に失望する」は être déçu par/de *qn.*/*qch.* のかたちで使われることが多い。したがって、後半は《nous avons été vivement déçus.》と書き換えられる。なお、[かこみ文]の déçu(s) は目的補語が過去分詞より前にあるため、nous に一致しているわけである。

1)「どんな天気でも」非人称の譲歩節(熟語)だが、「雨が降ろうが、風が吹こうが」と表現してもよい。

2)「どんなことがおころうとも」これも譲歩節の熟語。quoi qu'il advienne.

3)「成功がどのようなものであれ」譲歩節の決まったかたち、quel que soit le succès...の出番。「批判される」On va critiquer... で表せよう。

4)「どのようなかたちであれ」日本語にはあらわれないが、

Sous quelle forme que ce soit... と前置詞がほしい。

5)「... であれ、... であれ」はなかば成句的に使う。Que ce soit..., que ce soit...の出番。「...を乱発する」=「...に頼る」recourir à *qch.* が成句。

6)「...が軽いものであれ」譲歩節に形容詞/副詞がある場合、aussi/si＋形/副＋soit 主語が定形。形容詞を後置される主語と一致させることを忘れないこと。「... しなければならない」devoir でもよいが、être obligé de + 不定詞も可。

7)「うけがわるい」=「わるく見られる」être mal vuが慣用語句。

8)「まやかし」形容詞 illusoire を使いたい。「... に惹かれる」être attiré par *qch.*

9)「[アフターサービスが]うけられるか」=「あるだろうか」s'il y aura un service après-vente で表せよう。

10)「形態をとる」prendre la forme が熟語。

[Pause-café (13)]

問題8)のように、どの店も客に商品を売り込もうとして宣伝文句にしのぎをけずっている。なん年か前にあるフランスの靴のメーカーはMétroの車内等にこんなにしゃれたPR文句をだしていたのを思いだした。《N'en faites qu'à votre *taille*.》と。これは熟語N'en faire qu'à sa *tête* = agir selon son idée, sa fantaisie, selon l'humeur du moment (NPR)をなぞったPRだろう。Jules Verneの小説を読んでいたら、この用例がみつかった。部分的に引用すると《si chacun n'en avait fait qu'à *sa tête*?》「もしも各人が独断専行をしたならば」くらいの意になるだろう。となると,先ほどの靴のメーカーのしゃれたPRはものが靴だけに「お客さんには自分のサイズに合わせていただけます」をうたったもの。

Leçon 29. 文型 (A est à B ce que C est à D)

> 夏目漱石のロンドン滞在は森鴎外のベルリン留学に匹敵する。
> Le séjour de Londres est à Natsumé Sôseki **ce que** celui de Berlin est à Mori Ogai.

問題：[関連語句] と [ヒント] を参考にして次の日本文を仏訳しなさい。

1) Ferney [フランスの地名] の Voltaire にたいする関係は Genève の Rousseau にたいする関係と同じようだ。
2) Combray [フランスの地名] の Marcel Proust にたいする関係はミラボー橋 (le Pont Mirabeau) の Apollinaire にたいする関係に等しい。
3) キリスト教徒が心情でおこなうことを仏教徒は瞑想でおこなう。
4) Marie Curie のラジウム発見は湯川博士の中間子発見に匹敵するものだった。
5) Pablo Picasso の絵画への執念は Claude Debussy の音楽への執念と同じようなものだった。
6) 幼い病人は学力は遅れる分だけ体が丈夫になる。
7) レジの女店員はメイク [・アップ] をひかえた分だけ魅力がました。
8) 女子学生の文体は滑らかさがなくなった分だけ正確さがました。
9) この柔道家は若さを失った分だけうまさがました。

10) 広島の原爆犠牲者は体力を失いはしたが、人間的威厳がました。

(解答例　p.122.)

[関連語句]　「キリスト教徒」chrétien(名・男),「心情」cœur(名・男),「仏教徒」bouddhiste(名・男/女),「瞑想」méditation(名・女),「発見」découverte(名・女),「中間子」méson(名・男),「絵画」peinture(名・女),「執念」obsession(名・女),「学力」=「知力」intelligence(名・女),「丈夫な / 丈夫さ」robuste/robustesse(形・男/女 / 名・女),「レジの女店員」caissière(名・女),「メイク・[アップ]」maquillage(名・男),「魅力」charme(名・男),「文体」style(名・男),「滑らかさ」aisance(名・女),「正確さ」exactitude(名・女),「柔道家」judoka(名・男/女),「若さ」jeunesse(名・女),「原爆犠牲者」victime de la bombe atomique(名・女),「体力」force corporelle(名・女),「人間的威厳」dignité humaine(名・女)。

[解説とヒント]　[かこみ分]の指示代名詞(celui, celle, ceux, celles)は同じ名詞の重複を避けるために適宜用いるとよい。

1) ここの「関係」は便宜上使っているだけなので、構文(A est à B ce que C est à D)で処理したい。
2) 1)と同じ考えでクリアーする。
3) 「心情で」、「瞑想で」ともに par *qch.* でよい。
4) 文頭をCe que A était à B, C l'était à D.とはじめると主文には中性代名詞が必要となる。
5) この構文も 4)と同じ考えかたで処理する。
6) 6)〜10)までは別の定型構文の登場。以下、公式(A gagne en B ce que C perd en D.)ですべてさばけよう。「幼

い[病人]は le petit malade でよい。
 7) ここの時制は過去に注意。
 8) 7)と同じで、時制に要注意。
 9) 文頭を Ce que A... ではじめると主文では他動詞 gagner には目的補語が必要。
10) この文例は長いが、定型どおりで処理できる。

[Pause-café(14)]
[かこみ文]に登場してもらった二人の文豪、漱石は文部省の派遣でロンドンへ、鴎外は陸軍からの派遣でベルリンへ国費留学したエリートだった。ところが、会社関係等では社命で転勤(海外出張や国内出向)を突然任命させられることもよくあることだ。新しい勤務地が必ずしもお気に入りの場所とは限らない場合に「左遷された」とか、「とばされた」とかのぼやきをよく耳にするものだ。古い時代には不幸な人たちは「罪無くして配所の月を見る」等とぼやいたものだ。フランス語でこれにあたる言い回しを探していたら、ハンガリーからの亡命作家 Agota Kristofの小説でそれらしい文句をみつけた。《Je suis *en relégation dans ce trou perdu.*》ちなみに《un trou perdu》は「辺鄙な場所」を意味するから、「私は辺鄙な所へ左遷されている」にまさにぴったりの表現といえるだろう。

Leçon 30. 文型(Ce n'est pas ce que...)

> 興味深いことは、フロベールは著作の中でほとんどといっていいくらい両親に言及していないことなのだ。
> **Ce qu**'il y a d'intéressant, c'est que Flaubert ne mentionne pratiquement jamais ses parents dans ses écrits.

問題：[関連語句] と [ヒント] を参考にして次の日本文を仏訳しなさい。

1) 君が言うことにぼくは驚かないよ。
2) それはわたしが言おうとしていたことではない。
3) それは正確にはわたしが辞書で探していたことではなかった。
4) 妻はありあわせのものでおいしい料理をつくる才がある。
5) 絶対にしてはならないのは、子供の前でそのようなことを私に言うことです。
6) 彼女は旧友たちがどのようになったのか杳(よう)としてわからない。
7) あなたがあえておっしゃることはわたしの水準[能力]を越えているのです。
8) Paulはこの仕事のために、運転免許が必要なのだが、それをまだもっていない。
9) こうした名物料理はヨーロッパで知られているものとは異なっている。

10) 両国の外交関係は冷戦中のものとは同じではなくなるだろう。

(解答例　p.123.)

[**関連語句**]　「辞書」dictionnaire(名・男),「料理」cuisine(名・女),「旧友」ancien ami, ancienne amie(名・男/女),「水準」niveau(名・男),「仕事」boulot(名・男),「運転免許」permis de conduire(名・男),「名物料理」spécialité culinaire(名・女),「外交関係」relation diplomatique(名・女),「冷戦」guerre froide(名・女)。

[**解説とヒント**]　[かこみ文]のフランス文は雑誌 *Le Nouvel Observateur* に掲載された Jean-Paul Sartre(1905-1980)のインターヴュー記事からとった。

1) 「...に驚かない」《Je ne suis guère étonné de ce que tu me dis.》とはじめるのが普通だろうが、Ce que tu me dis を主語にもできる。
2) 「言おうする」vouloir dire が決まり文句。
3) 2)と同じ構文で表せる。「正確に」exactement = justement.
4) 「ありあわせのもの」＝「[妻が]その場でみつけるもの」ce qu'elle trouve sur place. と考える。
5) 「絶対にしてはならないこと」強い禁止だから Ce qu'il ne faut jamais faire ときちんと書きたい。
6) 「...がどのようになったか」ce que *qn.* est devenu が定番。
7) 「たまたま水準を越えている」se trouver au-dessus du niveau de *qn.* で表せよう。
8) 二つの文に区切って、必要なのに「それをまだもっていな

い」ce qu'il n'a pas encore でうけるのがよいだろう。
9) 「知られているもの」=「人が知っているもの」ce qu'on connaît en Europe. と考える。
10) 「同じではない」=「[外交関係が]... であったものではない」ce qu'elles ont été... で切り抜けられよう。

[Pause-café(15)]

Sartreによれば、作家のGustave Flaubert(1821-1880)は両親については語ることがなかったようだ。反対に、家庭内部のことやどうでもいいことをよく喋って周囲に顰蹙をかう人もいる。余計なお喋りがもとで人間関係がぎくしゃくなったりする。いわゆる「口は災いの門」というわけだ。フランス語にこれにあたる気の利いた言い回しがあるか探していたところ、Jules Verneの小説で《*L'intempérance de langue est trop souvent génératrice de discorde.*》をみつけた。少々長いのが難点だが、もっと短くてしゃれた言い方が他にもきっとあるだろう。

ちなみに、同じ小説では仲間のうちで「一番お喋りの人間」について《Il *possédait* décidément *la langue la mieux pendue.*》とあったことを付け加えておこう。

〔解答例〕

第一部 単文編

Leçon 1. 命令 (Impératif)

> アルコールの飲み過ぎは健康に有害です。ほどほどにお飲みください。
>
> L'abus d'alcool est dangereux pour la santé, consommez avec modération.

1) Passez par ici, s'il vous plaît.
2) Parlez un peu plus fort !
3) Attendez un moment, s'il vous plaît.
4) N'ayez pas peur du chien !
5) Ne bavarde pas tant à table.
6) Soyez tranquilles.
7) Attachez votre ceinture, s'il vous plaît.
8) Mes amis, mettez-vous à table.
9) Ecoutez-moi jusqu'au bout.
10) Réfléchis bien avant de prendre ta décision.
11) Restons jeunes !
12) Partons maintenant.
13) Arrêtons-nous à la page 20 pour aujourd'hui.
14) Dépêchons-nous.
15) Pour finir, chantons l'hymne national français "La Marseillaise".

Leçon 2. 受動態 (Passif)

> ホームステイには苦もあり、楽もある。
> Le séjour en famille[d'accueil] est semé de joies et de peines.

1) Cette caissière est aimée de tout le monde.
2) Cette ville est divisée en deux par le fleuve.
3) Venise est connue pour être une ville de canaux.
4) Cet ouvrage est considéré comme étant le meilleur livre de référence en archéologie.
5) Le marché est envahi par les produits japonais.
6) Chaque été, cette plage est envahie par les touristes.
7) Tous ces jouets sont cassés par notre fils.
8) Cette photocopieuse est abîmée par le transport.
9) M. Sakata a été élu directeur de l'Institut.
10) Hier soir, Marseille a été battu par Paris 3 à 1.
11) Une nouvelle fusée a été lancée ce matin.
12) Depuis le mois d'avril mon père est mis en pré-retraite.
13) Elle a été congédiée pour indélicatesse.
14) Le prix Nobel de chimie a été attribué au professeur Shirakawa en l'an 2000.
15) Le nouvel urbanisme du maire sera remis en cause tôt ou tard.

Leçon 3. 文型（assez...pour＋不定詞）

> パリからそれほど離れていないので、これらの村人たちはそうした欠陥（欠点）をもっていない。
>
> Ces villageois ne sont pas assez éloignés de Paris pour avoir ce défaut.

1) Françoise est assez grande pour aller seule à l'école.
2) Eric n'est pas assez âgé pour pouvoir commander une boisson alcoolisée.
3) Paul habite assez près de la gare pour y arriver en cinq minutes.
4) La saison des pluies dure assez longtemps pour reverdir toute la rizière.
5) Il n'est pas encore assez grand pour atteindre le plafond.
6) Soyez assez aimable pour parler un peu plus fort.
7) Voulez-vous être assez gentille pour arriver demain de bonne heure ?
8) Ces derniers jours, notre directeur a trouvé assez de temps pour s'occuper de cette affaire.
9) Le professeur espère gagner assez d'argent pour s'acheter une maison à la campagne.
10) Ces écoliers ont trouvé assez de place pour se coucher.
11) Elle n'est pas encore assez rétablie pour marcher toute seule.
12) Votre cousin n'est-il pas assez rétabli pour retourner à son bureau ?
13) Nous n'étions pas assez âgés pour partir à la guerre.
14) Seriez-vous assez aimable pour aller à la poste chercher une lettre recommandée ?
15) Avant sa mort, le vieillard avait gagné assez d'argent pour rembourser ses dettes.

Leçon 4. 文型（**trop...pour**＋不定詞）

> 女優は成功にとても気を良くしていたので罵倒されたのをこぼすどころではなかった。
>
> La comédienne était trop heureuse de son succès pour se plaindre d'avoir été insultée.

1) Paul est encore trop petit pour aller à la maternelle.
2) Cet après-midi,il fait trop mauvais pour sortir.
3) Il était trop tard pour aller souper au restaurant.
4) Elle était trop pressée pour refermer toutes les fenêtres.
5) Le mari avait trop de travail pour sortir avec son épouse.
6) Il avait trop peu de temps pour apporter ce dossier à l'école.
7) L'orateur a parlé trop bas pour être compris de tous.
8) La route était trop glissante pour faire du cheval.
9) L'histoire est trop compliquée pour être comprise par les écoliers.
10) L'étudiante habite trop loin de l'université pour y aller à pied.
11) A cette époque-là, nous étions trop jeunes pour bien comprendre cette affaire.
12) Les cambrioleurs sont partis trop précipitamment pour prendre tous les billets de banque.
13) Claudine connaissait trop son mari pour le croire capable d'un tel geste.
14) Le jeune homme avait trop peu d'imagination pour inventer un tel mensonge.
15) Le mobile du crime était trop ignoble pour être diffusé à la télévision.

Leçon 5. 文型（après avoir[être]＋過去分詞）

> 飲んだら、運転をしない。
> Après avoir bu, il ne faut pas se mettre au volant.

1) Après avoir réfléchi un moment, le candidat a répondu que non.
2) Après nous être reposés une heure à l'auberge, nous nous sommes remis en route.
3) Le voyageur a quitté la villa après avoir salué tous les membres de la famille.
4) Cet employé d'avenir est mort avant la quarantaine, après avoir épousé la fille du P.D.G.
5) Après avoir si bien obéi, dois-je encore suivre votre conseil ?
6) Après avoir été conquis au siècle dernier, ce pays a fini par devenir indépendant.
7) Après avoir été familiarisé avec un téléviseur grand écran, le téléspectateur se sent frustré par ce nouveau modèle.
8) Après avoir admiré le paysage, le couple est reparti pour l'étape suivante.
9) Après avoir longtemps servi de gare routière, l'ancienne caserne a été réaménagée en supermarché.
10) Après avoir parcouru ce vaste pays, un explorateur étranger est enfin arrivé à la capitale.
11) Après avoir été un brillant diplomate, il a soudain changé de carrière.
12) Après avoir été vingt ans directeur d'école, mon père va prendre sa retraite.
13) Après avoir fouillé dans son sac, François l'a posé sous la table de nuit.
14) Le conférencier s'essoufflait, après avoir prononcé trois paroles.
15) Après m'avoir dit par e-mail de le rejoindre à la gare, mon père n'était pas là pour m'accueillir.

Leçon 6. 文型（avant de＋不定詞）

> 取らぬタヌキの皮算用(諺)
> Il ne faut pas vendre la peau de l'ours avant de l'avoir tué.

1) Tu devras bien réfléchir avant de répondre à cette question.
2) Avant d'être Japonais, ce sont des êtres humains.
3) Ne m'écrivez pas avant d'avoir reçu ma lettre.
4) Essayez ce foulard avant de l'acheter !
5) Vous êtes prié de sonner avant d'entrer !
6) Veuillez bien lire ces instructions avant de passer l'examen oral.
7) Avant de descendre du train, assurez-vous de ne rien oublier.
8) Il est obligatoire d'attacher sa ceinture avant de prendre le volant.
9) Prière d'attendre ici avant d'être invité à entrer dans l'auditorium.
10) Avant de prendre ce médicament, lisez attentivement la notice.
11) Vous mettrez le réveil sur six heures avant de vous coucher !
12) Chers petits, faites-moi le plaisir d'aller vous laver les mains avant de vous mettre à table.
13) Avant d'aller à Paris, j'ai prévenu mon collègue de l'heure de mon arrivée à l'aéroport..
14) Avant de le quitter, les écoliers ont promis à l'instituteur de garder le silence.
15) Au Japon, aucun fabricant ne peut aujourd'hui commencer un nouveau projet avant d'avoir préalablement fait un sondage auprès du public.

Leçon 7. 現在分詞(Participe présent)と過去分詞(Participe passé)

> 修道女はまだ子供だった時に、神なき人間の悲惨を知った。
> [Etant] encore enfant, la religieuse a connu la misère de l'homme sans Dieu.

1) La malade voit son voisin promenant son chien.
2) Hier j'ai reçu de ma fille une lettre provenant de Paris.
3) Le professeur est content de voir ses étudiants travaillant, comme il faut.
4) Nous avons rencontré notre voisin étranger sortant du supermarché.
5) D'ici, on voit les jeunes se précipitant en foule dans l'auditorium.
6) Quittant Tokyo hier soir, l'ambassadeur est arrivé à Paris ce matin.
7) Aimant les beaux vêtements, la cliente regardait de près les toilettes de la vedette.
8) Etant toute seule, la pauvre femme n'a pas osé se présenter à la mairie.
9) Regagnant Montréal, l'homme d'affaires a repris un avion direct pour Vancouver
10) Regardant attentivement l'éléphant, le chasseur a tiré sur l'animal.
11) Encouragé par son succès, le candidat a fait des efforts supplémentaires.
12) Miné par la tuberculose, le roi est mort à l'âge de quinze ans.
13) Bon latiniste, l'oncle se plaisait à lire Sénèque.
14) Le dîner fini, les étrangers ont été invités à parcourir le jardin japonais.
15) Le temps étant froid, le touriste a dû mettre un anorak.

Leçon 8. ジェロンディフ (**Gérondif**)

> 地理的にはフランス語圏に属しながらも、これらスイスの若者はドイツ語とフランス語を流暢に話します。
>
> Tout en relevant géographiquement de la Suisse romande, les deux jeunes hommes suisses parlent couramment l'allemand et le français.

1) En m'apercevant, l'étudiante m'a dit, "Bonjour, Monsieur."
2) En regardant par la fenêtre, on voit des nuages bas.
3) Ma fille a ri de tout son cœur en me regardant.
4) Tout le monde est d'accord pour prendre la route de Paris, en faisant un détour par Chartres.
5) En regardant les feuilles des arbres remuer au gré du vent, j'ai envie de dormir.
6) En bénéficiant de cette bourse, mon frère a pu aller étudier en France.
7) Tu pourras réussir au concours d'entrée l'année prochaine, en travaillant un peu mieux.
8) Tous les jours, nous passions une longue journée à nous promener dans les bois, en parlant de tout.
9) En poursuivant ce raisonnement, on risquera de perdre de vue le point essentiel,.
10) En restant célibataire dans ce pays, on a droit à tous les avantages matériels.
11) En travaillant plus dur, tu pourras rattraper le niveau de tes camarades.
12) Le maire doit s'occuper d'un nouveau projet d'urbanisme, en luttant contre les problèmes de pollution.
13) Les serpents contribuent à maintenir l'équilibre écologique en tuant les rats, etc.
14) Tout en vous remerciant de votre peine, je regrette de ne pas pouvoir accepter votre proposition.
15) Puis-je avoir quelque chance de plaire à mon professeur, en atteignant le niveau des autres étudiants ?

Leçon 9. 文型（Il est le dernier à＋不定詞）

> 日本は戦争を禁じる憲法（第9条）をもつ世界で唯一の国である。
>
> Le Japon est le seul pays au monde à être doté d'une constitution (l'article 9) qui lui interdit de faire la guerre.

1) Ma fille n'est pas la seule à agir ainsi.
2) Maurice est le dernier à pouvoir faire ce genre de travail.
3) Je ne veux pas être le premier à dire du mal d'elle.
4) Cet homme politique sera le dernier à recevoir ce genre de cadeau.
5) Michel sera le seul à être capable de faire ce travail.
6) Elle a été la seule à résoudre ce problème.
7) Pauline est-elle la seule à répondre à cet appel ?
8) C'est un des rares pays à ne pas respecter la liberté d'expression.
9) Le Japon est un des premiers pays à s'occuper sérieusement des problèmes de pollution.
10) La Russie était un des premiers pays à posséder la bombe atomique.
11) Ce cosmonaute était un des seuls à avoir fait plusieurs fois la navette entre la terre et la lune.
12) Les Etats-Unis sont un des rares pays à ne pas être membre de ce comité international.
13) Au Japon, cette marathonienne est la seule à avoir obtenu la médaille d'or aux Jeux olympiques.
14) La France n'est plus seule à s'opposer à ce mouvement.
15) Hors du Japon, les Taiwanais sont les plus nombreux à apprendre la langue japonaise.

Leçon 10. 文型（Il n'est pas homme à＋不定詞）

> この成り上がりは最初の好機を見逃すような人ではなかった。
> Ce parvenu n'était pas homme à laisser échapper la première occasion qui s'offrait à lui.

1) Mon père n'est pas homme à mentir.
2) Pierre n'est pas homme à parler inutilement.
3) L'infirmière n'est pas femme à recommencer la même erreur.
4) Le jeune homme était homme à devenir un grand musicien.
5) Ce bavard n'était pas homme à se taire sur ce sujet.
6) Le vieillard n'est pas homme à s'occuper de sa maison délabrée.
7) Le P.D.G. n'est pas homme à employer toute son énergie à une seule tâche.
8) Mon petit frère n'est pas homme à prendre plaisir aux jeux vidéo.
9) Madame la députée n'est pas femme à négliger l'occasion de prendre la parole.
10) Ce romancier n'est pas homme à aimer raconter sa vie privée.
11) Mon épouse n'est pas femme à dire du mal de ses amies.
12) L'administrateur de l'école était homme à se contenter d'une simple explication de son collaborateur.
13) Le coupable n'était pas homme à parler de son crime passionnel.
14) Le maire n'est pas homme à se laisser guider par le gouvernement central.
15) Le premier ministre n'était pas homme à se plaindre ouvertement de la récession de son pays.

Leçon 11. 文型 (Je la sais sympathique)

> 南の島では、もう夏が到来したような陽気だ。
> Dans l'île méridionale, on se croirait déjà en été.

1) Je la crois quelque part au Japon.
2) Nous le croyons capable de tout finir.
3) A l'hôpital, les malades trouvent le temps très long.
4) Dans ce restaurant, on trouve toujours bon le plat du jour.
5) Tous mes camarades ont trouvé le film excellent.
6) Sylvie se croit toujours la meilleure élève de sa classe.
7) La pauvre Catherine se croyait aimée de Paul.
8) A mon retour de France, j'ai trouvé mon père rajeuni de dix ans.
9) Ce fils à papa se croit tout permis.
10) Tout le monde la sait incapable d'une telle action.
11) Ce matin, je lui ai trouvé mauvaise mine.
12) Le jeune homme se croyait beaucoup plus intelligent que tous ses frères.
13) Le vieillard ne se croit pas assez fort pour porter ce sac à dos.
14) D'après le journal télévisé d'aujourd'hui, on croit cette entreprise au bord de la faillite.
15) L'épouse a cru le moment venu d'offrir un cadeau à son mari.

Leçon 12. 文型（**Elle trouve utile de**＋不定詞）

社長はこの断念した企画をふせておくのが望ましいと判断した。

Le P.D.G. a jugé préférable de tenir secret ce projet abandonné.

1) Je crois utile de vous donner ce conseil.
2) Le professeur trouve bon de faire du jogging chaque matin.
3) L'arbitre a jugé juste de lui donner un carton jaune.
4) Les parents jugent utile de dissimuler cette nouvelle à leur fils.
5) L'étudiante juge préférable de ne pas compter sur son ami Georges.
6) Le conducteur a jugé prudent de s'arrêter au passage à niveau.
7) Le policier a estimé normal de ne pas trop exiger de cet étranger.
8) Le premier ministre a jugé très diplomatique de soutenir ce député.
9) A ce moment-là, l'avocat a jugé opportun de défendre le suspect.
10) Nous avons jugé inutile d'en tirer une conclusion.
11) Le président a trouvé très opportun de ne pas le nommer à ce poste.
12) Tout le monde a estimé mal à propos de l'écouter jusqu'au bout.
13) Nous trouvons convenable d'obtenir un accord sur ce point essentiel.
14) M. Didier jugerait-il préférable de ne pas trop insister sur cette question ?
15) Toute réflexion faite, le directeur a jugé plus intéressant d'enterrer ce dossier.

Leçon 13. 非人称構文（1）文型（**Il y a ...**）

> 幼稚園の中庭には、母親と 4 歳くらいの男の子のほかに誰もいない。
>
> Dans la cour de la maternelle, il n'y a personne, sinon une mère et un garçon d'environ 4 ans.

1) Au milieu de la Place, il y a une haute tour.
2) Dans le parc, il y a diverses plantes.
3) Mais il n'y a pas cette plante en Amérique du Nord.
4) Chez le bouquiniste, il y a de bons et de mauvais livres.
5) Mais dans ce magasin, il n'y a que de bons livres.
6) Sur le marché il y a beaucoup de produits japonais.
7) Où sont les micro-ordinateurs japonais ?
8) Les voilà.
9) Sur la liste, il y a le nom X.
10) N'y a-t-il pas le nom de Mme Y ?
11) Dans cette ville, il y a pénurie d'eau chaque été.
12) Autour de la table, il y a des enfants affamés.
13) Au premier rang sont les invités officiels.
14) Dans le discours du maire, il y avait plein d'erreurs.
15) Il y a un moment où on doit enterrer sa vie de garçon.

Leçon 14. 非人称構文（2）文型（**Il est facile de**＋不定詞）

> この国において戦前の軍国主義の復活があるとは信じがたい。
>
> Dans ce pays, il est difficile de croire à une renaissance du militarisme d'avant-guerre.

1) Il est difficile de finir ce devoir pour demain.
2) Il est plus difficile d'écrire le français que de le parler.
3) Il n'est pas si difficile de lire en français cette nouvelle de Maupassant.
4) Il est très agréable de voyager avec mes camarades.
5) Il n'est pas encourageant de faire du jogging sous la pluie.
6) Il est important de se changer les idées de temps en temps.
7) Pendant les grandes vacances, il est souhaitable de lire un long roman russe.
8) Il est toujours utile de connaître une langue étrangère autre que l'anglais.
9) Il ne sera pas si pénible de lire cinq pages de ce livre tous les jours.
10) Il serait pénible pour les personnes âgées de monter cet escalier.
11) Il est nécessaire pour un professeur de bien écouter les étudiants.
12) Il nous est nécessaire de maintenir les fêtes traditionnelles de ce pays.
13) Il lui est important de prendre une décision.
14) Il n'est pas aussi facile de résoudre ce problème.
15) Il n'est pas bon de reporter au lendemain ce qu'on peut faire le jour même.

Leçon 15. 非人称構文(3)文型(Il court un bruit sur...)

> この著名なサッカー選手に質の悪い噂が流れている。
> Il court un bruit de mauvais goût sur ce footballeur très connu.

1) Il passe peu de voitures sur ce chemin.
2) Il passe une navette pour l'aéroport toutes les 10 minutes.
3) Il viendra quelqu'un d'autre à la place de M.Suzuki,.
4) De la maison voisine se dégage une odeur de brûlé.
5) Sur cette actrice, il court une médisance incroyable.
6) Au sujet de l'accident, il circule beaucoup d'articles dans les journaux.
7) Il apparaît dans ce monde un génie comme Mozart tous les siècles.
8) Dans le ciel il s'avance des nuages bas.
9) Il restait encore dans la salle un parfum de roses.
10) A la surface de l'eau, il flottait un chien mort.
11) Il naît plus de phoques femelles que de phoques mâles.
12) Il en découle des difficultés financières de cette municipalité.
13) Dans mon manuscrit il s'est glissé quelques fautes d'inattention.
14) Sur la route départementale N°10, il est prévu une déviation pour cause de travaux.
15) Sur ce scandale, il se répandait de mauvaises plaisanteries.

第二部複文編
Leçon 16. 文型[比較(1)] (**plus/aussi/moins**＋形/副**que...**)

若い女性は意地が悪いというよりもカマトトなのだ。
La jeune femme est plus prude que méchante.

1) Il fait plus chaud aujourd'hui qu'hier.
2) Le facteur passe dans ce quartier plus tôt qu'hier.
3) Le voyageur a quitté l'auberge plus tôt que prévu.
4) Henri conduit moins bien sur l'autoroute que sa sœur.
5) Notre fils s'est levé ce matin plus tôt que d'habitude.

6) Il a fini sa tâche plus vite que je ne pensais.
7) Notre appartement est visiblement moins vaste que le vôtre.
8) L'étudiant sera sans doute moins franc avec vous qu'il ne l'a été avec moi.
9) Personnellement, j'aimerais aller à Paris plutôt en été qu'en hiver.
10) Au bal, Yoshio s'est comporté plus bizarrement que d'habitude.

Leçon 17. 文型[比較(2)] (plus de / moins de＋名詞)

> タクシー運転手は他のドライバーよりも難なく狭い路地をすり抜ける。
>
> Le chauffeur de taxi a moins de mal que les autres conducteurs à se faufiler dans une rue étroite.

1) Cette ville a plus d'habitants que la ville voisine.
2) Il y a plus de voitures dans ce train que dans les autres trains.
3) Le Mont Fuji a moins d'altitude que le Mont Cervin(4478m.).
4) Le malade a été soigné avec plus de soins que les autres.
5) La nature possède plus de charme que ces jardins artificiels.

6) En général, les citadins ont beaucoup moins d'enfants que les paysans.
7) Rassurez-vous, son intervention avait moins de poids que la vôtre.
8) Personne ne croit que sa thèse ait plus d'importance que les autres
9) Avec un TGV, le touriste japonais est arrivé à Marseille en moins de temps qu'il ne l'avait pensé.
10) Le petit hélicoptère a transporté beaucoup plus de voyageurs qu'on n'avait cru.

Leçon 18. 文型（autant de/tant de＋名詞 que...）

寄港地が多かったので譲二は飛行機を待つ合間に妻に電話をかける時間さえなかった。

Jôji a fait tant d'escales qu'il n'a pas même eu le temps de téléphoner à sa femme entre deux avions.

1) Ma fille a autant de sensibilité que sa tante.
2) Le jeune professeur a dit autant de bêtises que ses étudiants.
3) Notre fils avait autant de courage que son cousin.
4) Ici il y avait autant de brouillard qu'avant-hier.
5) La milliardaire a tant de bijoux qu'elle ne sait où les cacher.
6) Le cheval devait sauter tant de haies qu'il était mort de fatigue.
7) Tant de tâches restent encore à effectuer que l'homme d'affaires ne peut pas rentrer comme prévu.
8) Il y avait tant de plats appétissants que les invités ne savaient pas par où commencer.
9) Il y avait tant de verglas sur la route que l'automobiliste n'a pas pu partir,comme prévu.
10) Dans son nouvel article, on trouvait tant d'expressions abstraites que les étrangers n'y comprenaient rien.

Leçon 19. 文型[最上級]（Rien n'est plus beau que...）

> 学生にとって学業とアルバイトの二足の草鞋（わらじ）をはくほどむつかしいものはない。
>
> Rien n'est plus difficile pour l'étudiant que de mener de front études et petit boulot.

1) C'est le meilleur tableau surréaliste que j'aie jamais vu.
2) Au Japon, le Mont Fuji est la montagne la plus élevée.
3) Cette école est considérée en France comme l'une des plus réputées.
4) Le chien est l'animal le plus fidèle à l'homme.
5) Jusqu'à présent, votre fils a été l'élève le moins bon de la classe.

6) Il n'y a rien de plus beau que le coucher du soleil vu d'ici.
7) Rien ne lui plaît plus que de regarder les petits jouer au base-ball.
8) Rien n'est plus impressionnant que de visiter les catacombes de Paris.
9) Si tu n'as rien de mieux à faire ce soir, sois des nôtres.
10) Cet après-midi, je n'ai rien de mieux à faire que de visiter le Palais impérial.

Leçon 20. 文型 [比例/反比例] (**plus..., plus...**)

> 教室が暗くなるだけ、それだけ余計カラースライドがよく見える。
>
> Moins la salle de classe est éclairée, mieux on voit des diapositives en couleur.

1) Plus on devient riche, plus on devient radin.
2) Plus on gagne, plus les impôts augmentent.
3) Moins je lis et moins j'ai envie de lire.
4) Moins tu viens en classe, moins tu as de camarades.
5) Plus les amis sont nombreux, plus la soirée devient gaie.
6) Plus il fait froid, plus on a besoin de salles chauffées.
7) Plus on habite loin du centre de la ville, moins le loyer est élevé.
8) Plus les employés sont jeunes, et plus leur foyer est éloigné de leur lieu de travail.
9) Plus le brouillard est épais, et moins on voit le Mont Fuji.
10) Plus la vieille dame racontait des histoires tristes, plus les petits désireraient en connaître davantage d'autres.

Leçon 21. 文型(assez/trop＋形/副 pour que＋接続法)

> その一言で先生は怒り心頭に発するのに十分だった。
> Ce seul mot suffisait pour que notre professeur se mette très en colère.

1) Nos provisions sont suffisantes pour que nous puissions nous remettre en route.
2) Sa volonté n'est pas encore assez ferme pour qu'elle puisse se séparer de ses parents pour un an.
3) Tu choisiras des chaussettes assez grandes pour que tes pieds y soient à l'aise.
4) Le séjour en famille[d'accueil] en France sera assez long pour que tout le monde apprenne correctement la langue française.
5) L'explication de l'étudiant a été suffisamment claire pour qu'il puisse avancer à un niveau plus élevé.

6) Il est encore trop tôt pour dire qui va gagner le match.
7) Ce critique littéraire est trop subjectif pour que ses ouvrages deviennent des livres de référence.
8) Le brouillard était trop épais pour que le conducteur puisse voir à deux mètres.
9) L'image de mon père est encore trop présente à mon esprit pour que ses propos s'effacent.
10) Le décalage horaire est encore trop grand entre les deux pays pour que le rythme de la vie redevienne normale.

Leçon 22. 文型（assez de＋名詞 pour que＋接続法）

> 女の子はすごい早さで駆けつけたのでだれも本当に病気だとは思わなかった。
>
> La petite fille est accourue avec trop de vitesse pour qu'on la croie vraiment malade.

1) Ce studio n'a pas assez de place pour que Sylvie y installe un réfrigérateur.
2) Ton jardin a-t-il assez d'espace pour qu'un jeune couple y joue au tennis ?
3) Son pavillon de banlieue a suffisamment de pièces pour que tous ses camarades soient en chambre individuelle.
4) L'automobiliste n'a pas mis assez d'essence pour que sa voiture arrive jusqu'à la capitale.
5) Dans ce bureau, il n'y avait pas suffisamment de lumière pour que nous puissions lire ces petits chiffres.

6) L'étudiante a trop menti pour qu'on la croie.
7) On a enfermé trop de petits chiens dans cette cage pour qu'il soit possible de les distinguer.
8) Ce jour-là le chéquier de M. Gros avait trop peu de provisions, pour que sa femme puisse payer sa robe par chèque.
9) L'appartement possède trop d'espaces pour que plusieurs femmes de ménage nettoient toutes les pièces en une journée.
10) Il attachait trop peu d'importance à sa décision pour qu'il ait jugé utile d'en informer sa femme.

Leçon 23. 文型[仮主語] (**Il est vrai que...**)

> 彼にはあらかじめそうと言っておくほうが賢明だ。
> Il est plus prudent qu'on le lui dise à l'avance.

1) Il est clair que Toshiko a tort sur ce point.
2) Il est vrai que de pareilles choses arrivent dans la vie.
3) Il est évident que tous nos citoyens sont protégés par la loi.
4) Il va sans dire que ce bon footballeur a reçu un carton jaune.
5) Il semble que le professeur soit un peu enrhumé.

6) Il est nécessaire que vous finissiez ce genre de travail pour demain.
7) Il est bien naturel que le responsable de ce club soit élu à l'unanimité.
8) Il est paradoxal que tu te rallies à l'avis de ton opposant.
9) Il est étonnant que nous ayons eu si tard de vos nouvelles.
10) Il n'a échappé à personne que ce candidat avait une meilleure cote de popularité que son adversaire.

Leçon 24. 文型（si/tellement＋形/副que...）

> 現在のガソリン消費量は多量にのぼるのでこれから一世紀後に地上に石油があるかどうかだれにもわからない。
>
> La consommation actuelle d'essence est si importante que personne ne sait s'il restera encore du pétrole sur la terre d'ici un siècle.

1) La pluie tombait si fortement que Yoshiko n'a pas pu ouvrir son parapluie.
2) Le bébé dormait si bien qu'il n'a pas été réveillé par ce grand bruit.
3) Mon camarade chantait si bien qu'il m'était difficile de chanter cette même mélodie avec lui.
4) Notre appartement est tellement grand qu'il est difficile de le chauffer tout entier.
5) La comédienne avait dépensé tellement d'argent qu'elle était ruinée au moment de sa retraite.

6) Je me suis approché si doucement que ma fille n'a rien entendu.
7) La jeune fille a commencé à rire si stupidement que son professeur a dû dire,《Ça suffit.》
8) Ma femme se moque de moi d'une façon si drôle que je reconnais avoir recommencé la même bêtise que tout à l'heure.
9) Le jeune garçon s'est mis à marcher dans un village si désert qu'il a eu peur.
10) En voyant sa photo de jeunesse, le célibataire riait si fort que tous les meubles de la pièce tremblaient.

Leçon 25. 文型（d'autant plus＋形/副que…）

> 冬が９カ月もつづくので、ケベックの人たちはブルーベリーの季節を首を長くして待っている。
>
> Les Québécois attendent la saison des bleuets avec d'autant plus d'impatience que l'hiver y dure neuf mois.

1) Cela est d'autant plus vrai que l'histoire se répète elle-même.
2) C'est d'autant plus dangereux qu'il n'y a pas de feux au carrefour.
3) Envoyez-lui un fax d'autant plus vite qu'on ne sait jamais si son répondeur marche bien.
4) Ce produit se conservera d'autant mieux qu'il est emballé sous vide.
5) Le texte de Blaise Pascal est d'autant mieux compris que le professeur en fait une brillante explication.
6) L'équipe de foot a d'autant moins bien obtenu le résultat attendu que chaque footballeur jouait individuellement.
7) Dans cette petite île du nord, on attend le retour du printemps avec d'autant plus d'impatience que le printemps arrive tardivement.
8) A Hokkaido, on attend l'arrivée du festival d'été avec d'autant plus de joie que l'hiver est long là-bas.
9) Les Français attendent les prochaines vacances avec d'autant plus d'intérêt qu'ils ont droit à plus de quatre semaines de congés payés.
10) Le public japonais attend avec d'autant plus d'attention chaque parole de ce ministre qu'il a fait plusieurs dérapages verbaux.

Leçon 26. 文型（pour que/afin que＋接続法）

> このテクストのアウトラインを忘れないうちにフロッピーに入れておいてくれよ。
>
> Afin qu'on n'oublie pas les grandes lignes de ce texte, tu les mettras sur disquette.

1) Le père envoie ses meilleurs vœux à son frère à Paris pour que la nouvelle année lui apporte bonheur et succès.
2) Maman doit frapper à la porte de son fils pour qu'il se réveille à sept heures chaque matin.
3) Je vais porter le micro-ordinateur chez l'électricien pour qu'il le répare.
4) J'ai dû donner un bon pourboire au gardien pour qu'il ne dise rien à personne.
5) Mon camarade m'a envoyé un message par e-mail pour que nous arrivions à temps à la réunion amicale.
6) Il nous suffit de donner à manger à notre chien pour qu'il n'aboie plus.
7) La logeuse donne une clé à son locataire pour qu'il puisse entrer chez lui quand il veut.
8) Le professeur a fait ouvrir toutes les fenêtres de la classe, afin que les étudiants puissent respirer l'air frais.
9) Afin qu'il ne dérange pas sa secrétaire, le directeur a débranché son portable avant d'entrer dans son bureau.
10) Ma sœur et moi,nous nous amusions à jouer du piano, afin que nos invités ne s'ennuient pas avant de se mettre à table.

Leçon 27. 文型（sans que＋接続法）

> 事業主が別れの挨拶をするいとまもないうちに、出稼ぎ労働者はあわただしく離日した。
>
> Le migrant [étranger] a quitté le Japon précipitamment, sans que son patron ait même le temps de lui dire au revoir.

1) Je t'aiderai sans que cela ne te dérange.
2) Ma sœur est sortie sans qu'on s'en aperçoive.
3) Mon frère n'ira pas à la réunion, sans qu'il n'y soit invité.
4) L'étudiant est entré en classe, sans que personne ne l'entende.
5) Sans même que nous le sachions, notre fils a obtenu son permis de conduire.
6) Le voleur a cassé le verrou de sûreté, sans que personne ne l'ait vu.
7) Le mari a repeint les murs de notre appartement, sans que sa femme ne s'en soit aperçue.
8) On ne peut pas se trouver en face d'un aussi joli objet d'art, sans qu'on veuille le toucher en cachette.
9) Il ne se passe pas de jour sans que la jeune fille téléphone à ses parents.
10) Il ne se passe jamais une semaine, sans qu'on parle de ce problème dans les journaux.

Leçon 28. 文型[譲歩]（quel [le] que ce soit）

> あなたの釈明がどのようなものであろうとも、われわれはあなたの行動にいたく失望した。
>
> Quelles que soient vos excuses, votre geste nous a vivement déçus.

1) Qu'il pleuve ou qu'il vente, mon mari va sortir ce matin.
2) Quoi qu'il advienne, on pensera toujours à l'assurance-vie à partir d'un certain âge.
3) Quel que soit le succès de ce congrès, on va critiquer le rôle effacé de ce pays.
4) Sous quelle forme que ce soit, la politique extérieure de ce pays devrait être menée en collaboration avec ses voisins
5) Que ce soit dans la philosophie ou dans la littérature, il ne faut pas recourir à un vocabulaire aussi incompréhensible.
6) Aussi légère que soit sa faute, le co-pilote est obligé de payer une amende importante.
7) Aussi puissant que soit le soutien moral de ses collègues, le jeune salarié a été très mal vu par le P.D.G.
8) Aussi illusoire que soit la publicité, les consommateurs sont toujours attirés par ce produit.
9) Si commode que soit cet appareil, on ne sait pas s'il y aura un service après-vente.
10) Quelle que soit la forme que prendra la politique extérieure du pays, on souhaitera qu'elle soit indépendante des grandes puissances.

Leçon 29. 文型（A est à B ce que C est à D）

> 夏目漱石のロンドン滞在は森鴎外のベルリン留学に匹敵する。
>
> Le séjour de Londres est à Natsumé Sôseki ce que celui de Berlin est à Mori Ogai.

1) Ferney est à Voltaire ce que Genève est à Rousseau.
2) Combray est à Marcel Proust ce que le Pont Mirabeau est à Apollinaire.
3) Les bouddhistes font par méditation ce que les Chrétiens font par cœur.
4) Ce que la découverte du radium était à Marie Curie, celle du méson l'était au docteur Yukawa.
5) Ce que l'obsession de la peinture était à Pablo Picasso, celle de la musique l'était à Claude Debussy.
6) Le petit malade gagne en robustesse ce qu'il perd en intelligence.
7) La caissière a gagné en charme ce qu'elle a perdu en maquillage.
8) Le style de l'étudiante a gagné en exactitude ce qu'il a perdu en aisance.
9) Ce qu'il a perdu en jeunesse, ce judoka l'a gagné en habileté.
10) Les victimes de la bombe atomique à Hiroshima ont gagné en dignité humaine ce qu'elles ont perdu en force corporelle.

Leçon 30. 文型(Ce n'est pas ce que...)

> 興味深いことは、フロベールは著作の中でほとんどといっ
> ていいくらい両親に言及していないことなのだ。
>
> Ce qu'il y a d'intéressant, c'est que Flaubert ne mentionne
> pratiquement jamais ses parents dans ses écrits.

1) Ce que tu me dis ne m'étonne guère.
2) Ce n'est pas ce que je voulais dire.
3) Ce n'est pas exactement ce que je cherchais dans le dictionnaire.
4) Ma femme sait faire une bonne cuisine avec ce qu'elle trouve sur place.
5) Ce qu'il ne faut jamais faire, c'est de dire une telle chose devant les enfants !
6) Elle ne sait jamais ce que sont devenues ses anciennes amies.
7) Ce que vous osez dire se trouve au-dessus de mon niveau.
8) Paul a besoin d'un permis de conduire pour ce boulot, ce qu'il n'a pas encore.
9) Ces spécialités culinaires sont très différentes de ce qu'on connaît en Europe.
10) Les relations diplomatiques entre ces deux pays ne seront plus ce qu'elles ont été pendant la guerre froide.

著者紹介

市川慎一 [いちかわ・しんいち] 早稲田大学文学部教授
（フランス語学・文学、比較文化専攻）

目録進呈　落丁本・乱丁本はお取替えいたします。

平成13年4月30日　ⓒ第1版発行
平成22年5月10日　　第3版発行

| コミュニケーションの仏作文──中級編── | 著　者　　市　川　慎　一 発行者　　佐　藤　政　人 発行所 株式会社　大学書林 東京都文京区小石川4丁目7番4号 振替口座　00120-8-43740番 電　話　　(03) 3812-6281 郵便番号 112-0002 |

ISBN978-4-475-01589-9　　　　　　今家印刷・牧製本

大学書林
フランス語参考書

市川慎一著	コミュニケーションの仏作文 —基礎編—	B6判	112頁
伊東 英編	カナ発音仏和小辞典	B小型	768頁
徳尾俊彦著／畠中敏郎著	フランス語四週間	B6判	376頁
出水慈子編	フランス語会話練習帳	新書判	168頁
出水慈子著	ビジネスマンのフランス語	B6判	216頁
山田原実著／島田原実著	新しい仏文解釈法	B6判	320頁
川本茂雄著	高等仏文和訳演習	B6判	322頁
調佳智雄著／ジャン・マリ・ルールム	フランス語ことわざ用法辞典	B6判	382頁
調佳智雄編／加藤雅郁編	フランス語分類単語集	新書判	280頁
伊東 英訳注／調佳智雄訳注	モーパッサン短篇集Ⅰ	B6判	208頁
伊東 英訳注／調佳智雄訳注	モーパッサン短篇集Ⅱ	B6判	208頁
モーパッサン作／調佳智雄訳注	脂肪の魂	B6判	214頁
但田 栄訳注	アポリネールのコント	B6判	228頁
吉田郁子訳注	セヴィニェ夫人の手紙	B6判	164頁
鈴木 暁訳註	ル・シッド	B6判	176頁
調佳智雄訳注／曽根田憲三訳注	仏—英(ポー、ボードレール) 黒猫／ウィリアム・ウィルソン	B6判	248頁
調佳智雄訳注／原 潔訳注	仏—独(ティーク) 金髪のエクベルト	B6判	176頁
佐竹龍照訳注／内田英一訳注	英—仏(ワイルド) サロメ	B6判	224頁
佐竹龍照訳注／内田英一訳注	英—仏(ゴーティエ、ハーン) クラリモンド	B6判	256頁
佐佐木茂美訳注	聖杯の物語	B6判	168頁
佐佐木茂美訳注	薔薇の物語	B6判	152頁

—目録進呈—

大学書林
フランス語参考書

島岡　茂著	フランス語統辞論	A5判	912頁
島岡　茂著	フランス語の歴史	B6判	192頁
島岡　茂著	フランス語学入門	B6判	192頁
島岡　茂著	古フランス語文法	B6判	240頁
島岡　茂著	フランス文法の背景	B6判	192頁
島岡　茂著	続・フランス文法の背景	B6判	248頁
島岡　茂著	古プロヴァンス語文法	B6判	168頁
島岡　茂著	英仏比較文法	B6判	264頁
島岡　茂著	仏独比較文法	B6判	328頁
前島儀一郎著	英仏比較文法	A5判	320頁
工藤　進著	南仏と南仏語の話	B6判	168頁
多田和子著	現代オック語文法	A5判	296頁
多田和子編	オック語会話練習帳	新書判	168頁
多田和子編	ガスコン語会話練習帳〈ラングドシヤン〉	新書判	192頁
工藤　進著	ガスコーニュ語への旅	B6判	210頁
田澤　耕著	カタルーニャ語文法入門	A5判	250頁
大高順雄著	カタロニア語の文法	A5判	648頁
島岡　茂著	ロマンス語の話	B6判	176頁
島岡　茂著	ロマンス語比較文法	B6判	208頁
伊藤太吾著	ロマンス語基本語彙集	B6判	344頁
伊藤太吾著	ロマンス語比較会話	A5判	264頁

―目録進呈―

大学書林
フランス語参考書

著者・訳注	書名	判型	頁数
モーパッサン作 小泉清明訳注	首飾り	新書判	128頁
ドーデー作 島岡 茂訳注	風車小屋だより	新書判	108頁
アポリネール作 望月芳郎訳注	アポリネールの詩と短篇小説	新書判	128頁
坂部甲次郎訳注	フランス・コント傑作集	新書判	104頁
モーパッサン作 大塚幸男訳注	女の一生	新書判	80頁
スタンダール作 島田 実訳注	恋愛論	新書判	104頁
バルザック作 石田友夫訳注	ファチノ・カーネ	新書判	136頁
ワイルド作 望月一雄訳注	サロメ	新書判	112頁
アポリネール作 赤木富美子訳注	アポリネール短篇傑作集	新書判	112頁
モリエール作 秋山伸子訳注	守銭奴	新書判	208頁
アラン・フルニエ作 榊原直文訳注	モーヌの大将	新書判	214頁
シャトーブリアン作 湟野ゆり子訳注	ルネ	新書判	158頁
ジョルジュ・サンド作 金山富美訳注	愛の妖精	新書判	152頁
ジャン・ジャック・ルソー作 但田 栄訳注	孤独な散歩者の夢想	新書判	154頁
ジャン・ジャック・ルソー作 但田 栄訳注	エミール	新書判	176頁
ボードレール作 松井美知子訳注	パリの憂鬱	新書判	136頁
エミール・ゾラ作 吉田典子訳注	居酒屋	新書判	192頁
ジェラール・ド・ネルヴァル作 坂口哲啓訳注	シルヴィ	新書判	178頁

―目録進呈―